TREVOR DOLBY

Ein französisches Abenteuer

Wie aus einem alten Haus in Südfrankreich unser zweites Zuhause wurde

Aus dem Englischen von
Alexandra Jordan und Anja Samstag

1. Auflage 2022
© Trevor Dolby 2020
© 2022 für die deutschsprachige Ausgabe: DuMont Reiseverlag, Ostfildern
Alle Rechte vorbehalten

Die englische Originalausgabe ist 2020 unter dem Titel »One Place de l'Eglise«
bei Michael Joseph, Penguin Random House, London, erschienen.

Übersetzung: Alexandra Jordan und Anja Samstag
Lektorat: Regina Carstensen
Gestaltung Umschlag: Birgit Kohlhaas

Foto Klappe hinten: Kaz Dolby; Fotos Innenteil: Trevor Dolby
Satz: typopoint GbR, Ostfildern

Printed in Poland
ISBN 978-3-616-03184-2

Alle Angaben ohne Gewähr. Alle Rechte vorbehalten.

www.dumontreise.de

Für Kaz und Freya und George

INHALT

VORWORT 11

**1 DINGE, ÜBER DIE WIR MÖGLICHERWEISE MEHR
WISSEN MÖCHTEN** 13
Vier Unschuldige – Eine unfreiwillige Barbesitzerin –
Ein Metzger – Offenes Geheimnis – Catering für 500 Menschen –
Handgreiflichkeiten an der Place du Marché

**2 EIN KURZER AUSFLUG IN DIE
MITTELMEERREGION** 23
Was ist mit den Franzosen? – Begegnung zweier Teenager –
Ein grantiger alter Mann – L'Isle-sur-la-Sorgue –
Ein Ort zum Suchen

3 UN GRAND PROJET 31
Der »Ryanair-Ellenbogen« und andere Kampfsportarten –
Ein Franzose namens Charles aus Lewisham – Nylonkissenwut –
Hauskauf – Hausverlust – Ein Versprechen

4 PLACE DE L'ÉGLISE NR. 1 47
E-Mail von Freddy –
Wir wollen uns keine großen Hoffnungen machen –
Kostenlos, wenn man es sich leisten kann, zu teuer,
wenn man es sich nicht leisten kann –
Place de l'Église Nr. 1

5 ES GEHÖRT EUCH ... IRGENDWIE   59
Ed Victor – Dörfer – Dinge, die man wissen sollte –
Dinge, die man tun sollte – Bar-Etikette – Brot

6 ROADTRIP   73
Ein Van voller Möbel – Ein eingerissenes Dach –
Die Vorteile einer Klimaanlage –
Hunde und andere Nationalitäten – Umzugshelfer –
Stierkämpfe

7 ÜBER BEHARRLICHKEIT   87
François – Ein Badezimmer – Eine Küche –
Die Männer aus Marseille – Die Bedeutung von Mittagessen –
Erinnerungen für die Ewigkeit

8 EIN LEERER DACHBODEN   97
Vide-grenier – Pinkie Beaumont Mercedes-Farquharson –
Große und kleine Firmen – CHEZ NOUS –
Die Lösung des Bettwäscheproblems – Ein Kerzenleuchter

9 EIN STURM UND DER HIMMEL   111
Morgen – Ein schöner Tag –
Regionale Eigenheiten von Häusern –
Die Ruhe vor dem Sturm – Sonnenuntergang über den Bergen –
Die Perseiden – Der Mond

10 BIENVENUE 121
La Mouche – Cébenna, la femme allongée – Olargues –
Die Pététas von Murviel – Mas des Dames – Mittagessen

11 EINE ZEIT DER STILLE 129
Patrick Leigh Fermor – In den Fußstapfen eines Geistes –
Der Wert der Stille – Zeit zuzuhören – Freude an Nichts

12 DIE GESCHICHTE EINER BADEWANNE 141
Zufallsbegegnung – Chelsea Henry –
Die Zuversicht eines Unwissenden – Handwerker –
Luft transportieren – 600 in Summe

13 DAS HAUS MEINES VATERS 149
Der Verkauf von Place de l'Église Nr. 1 – Geschichte –
Ein ungewöhnlicher Keller – Das Rätsel römischer Denkmäler –
Wie der Vater, so der Sohn

14 MITTAGESSEN MIT CAT UND BERNARD 161
Jules Milhau – Mit allen Tricks vertraut – Château d'Yquem –
Picpoul – Le Coin Perdu – Mehr als bloß Gemäuer

**15 EINE BLAUE EIDECHSE UND EINE
CHANTEUSE** 173
Tod am Orb – Zwei Straßen weiter – Ein Gastwirt –
Jean-Paul Belmondo – Liebe und Küsse

16 EIN BESSERER TAG 185
Dem Sonnenuntergang entgegen –
Die Miete war günstig, der Geruch widerlich –
Eine Wahnsinnsfamilie – Bücher

17 DAS GEHEIMNIS DER FEIGENMARMELADE 199
Feigen – Festivals – Weinlese – Schulze und Schultze – Hundebeutel und lila Gold – Kreuzverhör – Marmelade heute

18 L'ERMITAGE SAINT-ÉTIENNE 211
Westgoten – Wanderetikette – Ganz oben angekommen – Schnauzer – Incarnat rouge – Ein kurzer Gottesdienst – Camp du Drap d'Or – Katzenfänger

19 WEIHNACHTEN 221
Die Erde hart wie Eisen – Die Kunst des Holzofens – Gottesdienst in Murviel – Monsieur le Maire et le Conseil Municipal – La soirée

20 THYMIAN UND LAVENDEL 231
Pachamama – Kaum ein Atemzug – Palimpsest – Abschließen und nach Hause fahren – Mit Gold repariert

EPILOG 241

DANKSAGUNG 243

Lieber Leser!
In dem Buche, das ich vorlege, will ich aufrichtig sein. Ich sage dir gleich, daß die Absichten, die ich darin verfolge, nur privater und persönlicher Natur sind. Ich habe gar nicht daran gedacht, ob du es brauchen kannst und ob es mir Ruhm einbringt... So also, lieber Leser, bin ich selber der Gegenstand meines Buches: es lohnt sich nicht, dass du deine Zeit auf einen so gleichgültigen und unbedeutenden Stoff verschwendest.
Michel de Montaigne, *Die Essais* (1580)

Was du für dich behältst, wirst du verlieren, was du fortgibst, ist dein für immer.
Axel Munthe, *Das Buch von San Michele* (1929)

Niemand kann traurig sein mit einem Luftballon in der Hand.
A. A. Milne, *Pu der Bär*

VORWORT

Die Place de l'Église Nr. 1 liegt mitten im mittelalterlichen Dorf Causses-et-Veyran (man spricht es »Kos-e-wehr-ang« aus) im Languedoc, das jetzt offiziell Okzitanien heißt. Das Dorf befindet sich am südlichen Rand der Causses, den Kalk-Hochebenen, die sich bis zum Zentralmassiv erstrecken. Veyran leitet sich von dem Namen eines römischen Zenturios ab, dessen Villa in der Nähe stand. Etwa dreißig Kilometer südlich, an der Mittelmeerküste, war die VII. römische Legion stationiert. Nachdem er sich zur Ruhe gesetzt hatte, erhielt ein Zenturio oft ein Stück Land in der Nähe seiner Garnison, auf dem er ein Haus bauen und sich stilvoll zurückziehen konnte. Viele Dörfer im Languedoc, deren Namen mit »an« (oder manchmal »ac«) enden, sind Orte, die um die Villa eines Zenturios im Ruhestand entstanden sind.

5769 Dörfer in Frankreich haben eine »Place de l'Église«. Es handelt sich dabei somit um den zweithäufigsten Straßennamen im Land. Den ersten Platz belegt ein naher Verwandter, die »Rue de l'Église« mit 7965 Einträgen. Eines Tages werde ich alle, die an einer Place de l'Église Nr. 1 wohnen, zu einer großen *fête* mit T-Shirts, *traiteur* und Theaterstücken einladen ...

1
DINGE, ÜBER DIE WIR MÖGLICHERWEISE MEHR WISSEN MÖCHTEN

Vier Unschuldige – Eine unfreiwillige Barbesitzerin – Ein Metzger – Offenes Geheimnis – Catering für 500 Menschen – Handgreiflichkeiten an der Place du Marché

Es war der Abend der *fête*. Ich unterhielt mich auf der Place du Marché mit der alten Dido, als der Streit ausbrach. Wie in einem Westernfilm. Dido war froh, jemand Neuem das Ohr abkauen zu können. Sie hatte die Dorfkneipe nie übernehmen wollen. Der *maire* – also der Bürgermeister – und einige andere hatten sie so lange bekniet, bis sie sich auf diese Schnapsidee, die ihr Leben ruinierte, eingelassen hatte. »Ich bin Künstlerin«, verkündete sie lautstark. »Um sieben in der Früh werde ich von Leuten aus dem Schlaf gerissen, die Kaffee haben wollen. Und um Mitternacht schmeiße ich genau dieselben Leute raus, da sie nicht heimgehen wollen, und sperre zu. Die Dorfkneipe ist immerhin kein Freudenhaus, das

Tag und Nacht geöffnet hat. Da würde jeder den Verstand verlieren. Mir geht das auf jeden Fall so, und ich denke gar nicht daran, wieder zu öffnen, bis Mon…sieur…le…maire mir das Vermögen zurückzahlt, das ich in die Renovierung gesteckt habe.« Ob ich wisse, wie viel Zeit das in Anspruch genommen habe? Ob ich wisse, wie egoistisch die Menschen seien? Ob ich jemanden wisse, der ihr den Laden zu einem vernünftigen Preis abnehmen könne, denn sie wolle sich mit Sack und Pack auf nach Paris machen, wo sich ihr wahres Schicksal als Künstlerin auf der Place du Tertre oder der Place Pigalle erfüllen werde?»Ha!«, schnaubte sie, warf die Hände in die Luft und stürmte von dannen.

Marie-Claire saß in der Nähe auf einem Stuhl. Sie war über achtzig Jahre alt, unsere Nachbarin und unsere erste Freundin im Dorf. Sie schien mir genauso Französisch zu sprechen, wie ich es tat: ohne erkennbaren Sinn oder Verstand. Jegliche Verlautbarung von mir ist ein Zeugnis von Optimismus und gutem Willen. Größtenteils sind meine Äußerungen aber zu leise, als dass man sie verstehen könnte, und ich habe das Gefühl, als würde ich mir irgendwelche Klick- und Pfeiflaute aus den Fingern saugen, die ausgesprochen dann hoffentlich, auf wundersame Weise, von selber einen französischen Satz bilden, den jemand verstehen kann. Mein Französisch ist ein lebendes linguistisches Experiment. Sollte ich die Sprache eines Tages auch nur annähernd fließend sprechen können, so beweist das, dass die Erde flach und genau 6026 Jahre alt ist.

Marie-Claire war eine Diebin. Wir hatten gerade unseren ersten Sommerurlaub hier angetreten, da sagte ich zu Hans und Lotten Bjerke – einem schwedischen Paar, das besser Englisch spricht als ich und das uns gegenüber wohnt –, was für eine nette alte Dame Marie-Claire doch sei. Hans wippte in seinen Brogues vor und zurück und flüsterte mir zu, dass ich die Haustür abschließen solle, weil Marie-Claire gern hereinschneie und sich

Sachen ausborge. Ach, das ist schon in Ordnung, sagte ich, da ich »ausborgen« wörtlich nahm. »Nein! Das ist nicht in Ordnung!«, verkündete er und erklärte, dass Marie-Claire sich Dinge ausleihe wie Töpfe, Pfannen, literweise gutes Olivenöl, Pflanzen, Besteck, tragbares Werkzeug wie Schraubenzieher oder Hämmer, Bücher, kleine Elektrogeräte und Lebensmittel aus dem Kühlschrank. Offenbar kamen die Bewohner des Dorfes von Zeit zu Zeit bei ihr vorbei, wenn sie genug von ihren Streifzügen hatten, und holten sich ihre Sachen zurück. Marie-Claire schien das nichts auszumachen, denn sie fing ihre Sammlung einfach wieder von vorne an.

Ich nickte ihr zur Begrüßung zu und bedeutete meiner Familie mit einer Handbewegung, dass ich uns neue Drinks holen würde. Ich schob mich durch die Menge zu der dreißig Meter langen Bar, die, wenn ich den Erzählungen glauben darf, denen in muffigen Rugby-Klubs im australischen Outback nicht ganz unähnlich ist, und kaufte zweimal Weißwein (Muscat) in Plastikbechern und zwei Colas. Mit vier Getränken in zwei Händen machte ich mich unsicheren Schrittes auf den Rückweg durch die Nachzügler, die ihre Plätze noch nicht gefunden hatten, und wurde zum vierten Mal von einem der Mädchen aus dem Dorf gefragt, ob ich etwas zu essen wollte. Ich verneinte, woraufhin sie achselzuckend die anderen Gäste zu ihren Stühlen scheuchte – oder es zumindest versuchte. Ich reichte meiner Frau einen der Muscat-Becher und drückte meinen Kindern die Colas in die Hand.

»Na also«, rief ich fröhlich. »Ich hab doch gesagt, dass das schön wird.«

»Es ist heiß«, bemerkte Kaz.

»Es ist schön. Ob ich *heiß* sagen würde, weiß ich nicht.«

»Sei nicht dumm. Ich meine die Temperatur. Ich gehe hier gleich ein.«

Es war den ganzen Tag über 37 Grad heiß gewesen, und auch jetzt waren es noch gute 32. Alle auf dem Platz hatten rote, verschwitzte Gesichter. Ich nahm gerade einen Schluck des süßen, warmen, lokal gebrauten Alkohols, als ich hinter mir jemanden rufen hörte.

»B-b-bon j-jour M-m-m-madame Dolby!« Ich drehte mich um und sah den stotternden Metzger – haarig, untersetzt und von der Statur eines Miniaturkampfschiffs – mit ausgestreckten Armen auf uns zukommen. Auf seinen Wangen und seinem Kinn zeichneten sich dunkelblaue Schatten ab, wo sein vor zehn Minuten mit einem Laguiole-Messer rasierter Bart schon wieder nachgewachsen war. Er strotzte geradezu vor Testosteron. Ich hätte darauf gewettet, er könnte ein Wildschwein aus zwanzig Schritt Entfernung mit nur einem Blick besamen. Ich mag Monsieur Le Metzger (oder mochte, wohl eher, denn damals wusste ich noch nicht, dass er auch eine dunkle Seite hatte). Ich kann ihn nämlich verstehen. Bis er einen Satz rausgebracht hat, habe ich Zeit genug gehabt, jedes einzelne seiner Wörter nachzuschlagen, mir eine Antwort zurechtzulegen und mein Abendessen für die nächsten drei Wochen zu planen.

Monsieur Le Metzger übt, wie jeder im Dorf, mindestens drei Berufe aus. Einerseits führt er die Metzgerei. Sein Fleisch, das er nie in der Auslage präsentiert, sondern immer in seinem riesigen, begehbaren Kühlschrank lagert, kann es problemlos mit jedem Soho-Metzger mit fünfunddreißig Sternen aufnehmen. Er hat jedes Teilstück im Verkauf, vom Hirn bis zum Huf, in allen Arten und Formen. Ich schwöre, er maniküret die Hufe noch, bevor er sie einwickelt. Zu Weihnachten ist sein Angebot wirklich beeindruckend. Es gibt lokale Austern, Langusten, Seebarsch, diverse Weißfische, verschiedene Käsesorten, alle erdenklichen Geflügelvariationen, angefangen bei der Bekassine über Wachtel, Ente und Taube bis hin zur Waldschnepfe. Für die kulinarisch Ungebildeten hat er auch Hühnchen und Truthahn im Angebot. Im Nachbardorf oben in den Bergen führt Monsieur Le Metzger außerdem ein Restaurant, dessen Spezialität geschmorte Rinderfüße sind. Und obendrein übernimmt er auch das Catering für öffentliche Festivitäten wie diese.

Monsieur Le Butcher schüttelte mir enthusiastisch die Hand, küsste Kaz auf die Wange – links, rechts, links – winkte meinen Kindern George und Freya zu und kommentierte mit einer Geste und einem Pfiff durch die Zähne ihre beachtliche Größe (keines der beiden war größer als einen Meter sechzig). Er fuhr fort, mir in einer Zeichensprache, die gewiss nicht so schnell der neue Standard für offizielle Fernsehdolmetscher werden würde, zu dem Geniestreich zu gratulieren, zwei so große und gesunde Kinder hervorgebracht zu haben. Erneut ergriff er energisch meine Hand. Es werde ein herrlicher Abend werden, sagte er dann lächelnd und rieb sich, nachdem er mich losgelassen hatte, die Hände. Zu diesem Zeitpunkt wurden ganze Wagenladungen an Lebensmitteln geliefert, und Monsieur Le Metzger gab mir zu verstehen, dass er das Essen organisiert hätte und ihn jetzt die Pflicht riefe. Mit diesen Worten machte er sich fröhlich auf den Weg durch die Menschenmenge.

***

In Causses ist das Sommerfest das Highlight unter den gesellschaftlichen Ereignissen. Alle 556 Einwohner des Dorfes zahlen je zehn Euro, um an langen, aufgebockten Tischen zu sitzen, ein Drei-Gänge-Menü zu verzehren, Wein zu trinken und sich auf einer eigens aufgebauten Bühne ein Kabarettstück anzusehen. Die Feier wird speziell für das Dorf veranstaltet, und zwar nur für das Dorf. Es dient dem Zusammenhalt zwischen seinen Bewohnern. Andere Dörfer im Languedoc haben ihre Sommerfeste, und so hat auch Causses sein eigenes. Und deshalb kam alles so, wie es kam.

Ich nippte an meinem Getränk und sah mich um. Der honigfarbene Stein der mittelalterlichen Häuser war gut gepflegt. Von den Montagnes Noires, die die südlichen Ausläufer des französischen Zentralmassivs bilden, wehte in der warmen Abendluft schwacher Thymianduft herüber. Ein oder zwei Fledermäuse hatten sich bereits aus den Verstecken getraut, die sie tagsüber bewohnten, und jagten halsbrecherisch um die Dächer. Baumsegler riefen sich etwas zu, schossen in Formation zu Boden und dann wieder hoch in den Himmel, umflogen die hohen Steingebäude. Die untergehende Sonne ließ die roten Dächer rund um die Place du Marché aufleuchten, und das angenehme Geschnatter der Menge erfüllte die Luft.

Plötzlich nahm ich aus dem Augenwinkel eine scharfe Bewegung wahr und kurz darauf hörte ich einen Ausruf. Ich drehte mich gerade noch rechtzeitig um, um zu sehen, wie sich ein kleiner, untersetzter Kerl über den Tisch warf, um einem weiteren stämmigen Einwohner an die Gurgel zu gehen. Der sprang zurück und sah zu, wie der Mann mit dem dicken Bauch auf dem Tisch landete, der für Teller, Pasteten und Weinflaschen, ganz sicher aber nicht für einen knapp fünfundneunzig Kilo schweren Franzosen gemacht war. Der Tisch tat, was jeder Tisch tun würde, der so behandelt wird: Er brach mit einem ohrenbetäubenden Krachen in sich zusammen, streckte die Metallbeine in die Luft und klappte zu. Das Ganze erinnerte an die alten Schwarz-Weiß-Filme, in denen Flugzeuge mit faltbaren Tragflächen auf dem Rollfeld gezeigt werden. Überraschend behände nutzte der Angegriffene die Gelegenheit und warf sich mit Gusto auf seinen Widersacher und eine bauchige Weinflasche. Vergessen Sie nicht, dass die Feier von Männern, Frauen, Babys in Kinderwagen und Kindern aller Altersgruppen besucht war. Es geschah, was bei jeder Schlägerei, die etwas auf sich hält, passiert: Die alten Damen, Kinder und Frauen schrien und stoben in alle Himmelsrichtungen davon, und die Männer sprangen auf, um mitzumischen. Im nächsten Moment hatte sich ein Pulk gebildet, der blindlings auf alles einprügelte, was sich bewegte. Wenige Augenblicke später zogen sich Verwundete mit blutenden Platzwunden am Kopf aus dem Gemenge zurück. Zu meiner Linken schrie eine alte Frau in einem weit abstehenden Bombasin-Kleid. Zu meiner Rechten schluchzte eine dynamischere Dame, der vor Angst die Tränen in den Augen standen. Doch dann fiel ihr auf, dass sie seit Jahren nicht mehr so viel Spaß gehabt hatte – sie ergriff ihren Gehstock und fasste den Teilnehmer ins Auge, der ihr am nächsten stand, um ihm gehörig eins überzuziehen. Als er sich jedoch aus dem Haufen löste, überlegte sie es sich anders, verfiel in hysterisches Kreischen und zog sich an die Seitenlinie zurück, wo sie sich Luft zufächeln ließ, um sich zu erholen. Jungs auf der Suche nach Ruhm stürzten sich ins Getümmel, Männer in ihren Zwanzigern, die ein Mädchen beeindrucken wollten, stürzten sich ins Getümmel, Männer in den Dreißigern, die unterhalten werden wollten, stürzten sich ins Getümmel, Männer in den Vierzigern, die es den anderen übel nahmen, dass sie jünger und fitter waren, stürzten sich ins Getümmel. Nur Männer in den Fünfzigern, Sechzigern und Siebzigern stürzten sich nicht ins Getümmel, sondern standen um die Menge herum und schnappten sich mit einer wohlplatzierten Faust diejenigen, die sich herausgekämpft hatten. Alles war erlaubt.

Gerade, als die anfängliche Euphorie verflogen war und eher ein Showkampf daraus geworden war, betrat Monsieur Le Maire die Bühne. Ach, Monsieur Le Maire. Wie er durch die sich teilende Menge schritt, wirkte er wie ein beleibter Gary Cooper. Mit einer einzigen, fließenden Bewegung schnappte er sich den ersten Kämpfer, der ihm in die Hände fiel, und donnerte ihm die geballte Faust auf den Schädel. Der Streitlustige drehte sich zu seinem neuen Gegner um, um es ihm heimzuzahlen, änderte seine Meinung jedoch, als er sah, wen er vor sich hatte, und trat vorsichtig beiseite. Der sechste Sinn der Kampfhähne schlug kollektiv an, und mit einem Mal kam alles zum Stillstand. Inmitten der Menge behauptete sich – geschunden und schwer atmend, aber immer noch aufrecht – der Mann, der die Prügelei angefangen hatte. Blut rann ihm das Gesicht herunter, und sein Ausdruck erinnerte an eine in die Enge getriebene Straßenkatze. Er hatte keine Angst vor Monsieur Le Maire. Er nicht. Er blieb standhaft. Als der Bürgermeister erkannte, dass seine Arbeit getan war, bedeutete er zwei bulligen Dorfbewohnern hinter dem Gesetzlosen, ihn bei den Armen zu packen. Sie stürzten sich auf ihn, und bevor er wusste, wie ihm geschah, war er gefasst. Er konnte sich noch so sehr wehren, er konnte nichts mehr ausrichten. Erschöpft wie er war, schien er plötzlich der Meinung zu sein, sich erklären zu müssen, und rief, er brauche sich gar keine Sorgen zu machen, er habe bezahlt wie jeder andere auch: »*Je ne m'inquiète pas. Je ne m'inquiète pas. J'ai payé comme chacun!*«

In dem Moment fiel mir auf, dass Monsieur Le Metzger sich neben mir befand und mir zuflüsterte: »Er ist aus M-m-m-murviel. Wollte sich bei unserer Feier einschleichen. M-m-m-murviel. Von d-da kommt nichts Gutes. Schauen Sie ihn sich an: D-der würde sogar Ihre M-m-m-mutter stehlen. Man kann keinem von da trauen. D-d-d-das Fleisch ist schlecht und das B-b-b-rot trocken, und kein Holz, das die liefern, b-b-b-rennt richtig.« Der immer noch schreiende Übeltäter wurde an uns vorbei und zur Hauptstraße geführt. Monsieur Le Metzger schüttelte seinen kahlen Bowlingkugelkopf. »Puff!« Er tat so, als würde er den Eindringling wegschnippen, der jetzt die Hauptstraße hinunterbugsiert wurde und laut behauptete, die Männer von Causses würden zuschlagen wie Mädchen.

Überall auf dem Platz beglückwünschten sich die Männer zu ihrem Mut. Diejenigen, die verletzt worden waren, bildeten nun eine Bruderschaft, die die Geschichte der Schlägerei in die kommenden Generationen tragen und die Ärmel hochkrempeln würde, um die Narben ihrer Kriegsverletzungen zur Schau zu stellen. Ein Jahr später sprach ich mit unserem Klempner, der es aufrichtig bedauerte, dass wir den großen Kampf letztes Jahr verpasst hätten. »Wie man hört«, berichtete er ernst, »mussten viele ins Krankenhaus, und ein Mann aus dem Nachbardorf schwebte in Lebensgefahr.«

***

Später, als das Essen auf den wieder aufgerichteten Tischen stand, zogen wir uns auf unsere Dachterrasse zurück. Zwischen uns und dem Platz lag nun die Dorfkirche aus dem 10. Jahrhundert. Wir nippten an gekühltem Rosé, schwitzten und sangen mit, als eine recht talentierte Chanteuse auf der Festbühne »Mack le couteau« anstimmte, »Die Moritat von Mackie Messer«. Ich tippte gegen das Thermometer an der Wand. 30 Grad. Ich legte mich auf die warmen Fliesen und briet langsam vor mich hin. Rechts von uns spielten Fledermäuse im mittelalterlichen Kirchturm, schossen in den Turm hinein, um die Glocke herum und wieder hinaus. Eine Eule segelte geräuschlos durch das Licht der Scheinwerfer und verschwand in der Dunkelheit.

Nachdem Freya und Kaz ins Bett gegangen waren, blieben George und ich noch draußen sitzen, unterhielten uns und verloren uns in der Unendlichkeit der leuchtenden Sterne. Wir sprachen über Dinge, von denen wir wenig verstanden, über die wir aber gerne mehr wissen wollten. Wir sprachen von Sternen und dem Weltall und vom Raum-Zeit-Kontinuum, von Leuten und Orten, Bier und Mädchen.

2
EIN KURZER AUSFLUG IN DIE MITTELMEERREGION

Was ist mit den Franzosen? – Begegnung zweier Teenager – Ein grantiger alter Mann – L'Isle-sur-la-Sorgue – Ein Ort zum Suchen

Als Jugendlicher hatte ich eine irrationale Abneigung gegen Franzosen. Ich hatte diese Abneigung im Alter von vierzehn Jahren von einem Schüleraustausch in der Normandie mitgebracht.

Vor fünfzig Jahren war es eine ziemliche Expedition, den Kontinent zu besuchen. Die Reise begann mit einer Wanderung von den Midlands nach Plymouth, wo wir die Fähre nach Roscoff nahmen. Von dort ging es mit dem Bus weiter nach Coutances, einer kleinen Kirchengemeinde, die im Krieg ziemlich gelitten hatte. Nach der Ankunft stellten wir uns auf dem Schulparkplatz auf und wurden wie Geflüchtete von den Familien ausgewählt, bei denen wir wohnen würden. Ich war einer der Letzten und wurde schlussendlich von einer Mutter in ihren Dreißigern adoptiert, in ein Auto gepfercht und – es muss ein Versehen gewesen sein – landete dann in einem Haus mit fünf Mädchen, von denen die

Jüngste etwa in meinem Alter und die älteste etwa zwanzig war. Diese Mädchen wollten nichts lieber, als sich um mich zu kümmern. Und sie benutzten sofort »*tu*«, dabei hatte meine Französischlehrerin gesagt, dass sie das nicht tun würden – oder zumindest hatte sie gesagt, dass nur Familienmitglieder sich duzen. Von Sonnenaufgang bis Sonnenuntergang fragte man mich »*as-tu soif?*«, »*as-tu faim?*«, »*es-tu fatigué?*«. Es war wie in meinen wildesten Träumen. Am nächsten Tag, als ich in die Schule ging, wurde ich von der Achtzehnjährigen dort abgesetzt. Ich hätte genauso gut mit Debbie Harry vorfahren können.

Die Mädchen waren toll, aber ihr Vater war unsagbar ätzend. Vor ihm hatte ich Todesangst. Er wollte einfach immer Französisch mit mir reden, dabei wollte ich einfach immer nur seine älteren Töchter anstarren. Diese beiden Aktivitäten waren definitiv inkompatibel, und ich machte meine ersten Erfahrungen mit einem missgelaunten Franzosen – Erfahrungen, die mein Bild der gesamten Bevölkerung für eine ganze Zeit lang prägen sollten.

Ich hatte meinen Eltern das hässlichste Gewürz-Dekanter-Set gekauft, das ich im Billigladen finden konnte – die Gläser sahen wie Kürbisse aus –, und für mich selber das neue, unglaublich teure Led-Zeppelin-Album »Houses Of The Holy« mit dem französischen Cover. Die Mädchen verstanden meine Prioritäten voll und ganz. Ihr Vater jedoch hatte einen kompletten Humor-Ausfall. Offenbar war er kein Led-Zeppelin-Fan.

***

Wir hatten schon eine Weile im Internet und sonst wo nach Häusern gesucht. Ich nutzte dieses neue Ding namens Google Earth, um mir Orte an der französischen Mittelmeerküste anzusehen, die wir besucht hatten, und um in Erinnerungen zu schwelgen. Das Tolle an Google Earth ist, dass man zu Superman wird, von einem Ort zum nächsten fliegen und wie ein Satellit in der Luft schweben kann. Ein ziemlich verrücktes Programm.

300 Kilometer: Zu meiner Rechten liegen Monaco und Mailand, und nur einen Katzensprung entfernt San Marco und Rom. Zu meiner Linken befinden sich Andorra und Barcelona, und in der Mitte der knubbligen alten Landkeule breitet sich Spanien mit Madrid aus. Im Meer zu meiner Rechten erspähe ich Sardinien und Korsika.

Über Sardinien weiß ich nichts.

Über Korsika auch nicht, wo wir schon dabei sind.

Rechts von mir erkenne ich Ibiza, Mallorca und Menorca. Eine dieser Inseln habe ich schon besucht. Leider handelt es sich dabei nicht um Ibiza. Dort treiben sich, wenn ich es richtig verstanden habe, junge Menschen in bis zu dreitausend Mann starken Gruppen herum und besuchen Orte, die nach türkischen Militärs benannt wurden.

Einmal habe ich Ferien auf Mallorca gemacht. Damals hieß es noch Majorca, und in England gab es einen ziemlich seltsamen Werbespot dazu, dass das Wasser dort rauer sei als anderswo. Vielleicht ist Mallorca die schicke Version von Majorca. Ich weiß noch, dass wir im unverdorbenen Teil der Insel waren. »Unverdorben« bedeutet, dass dort jede Menge verbitterte Einheimische lebten, die dich verachten, weil sie es nicht geschafft hatten, auf der verdorbenen Hälfte der Insel Fuß zu fassen, wo ihre Cousins das große Geld gemacht hatten. Sie wollten unbedingt auch diesen Teil der Insel verderben, um zu Geld zu kommen. Als Besucher musste man aus diesem Grund in einer Villa ohne Strom- und Abwasserversorgung unterkommen. Ich verbrachte eigentlich eine ganz wunderbare Zeit dort – wenn man davon absah, dass einer der Einheimischen mir die gesamte Kamera-Ausrüstung aus meinem Mietwagen klaute, als ich mal zehn Minuten an einem verlassenen Strand verweilte.

Ich war auch in Barcelona und kam sogar im Hotel Condes de Barcelona unter. Wenn Sie es kennen, werden Sie sich an den Balkon an der Fassade erinnern, an dem ein Fahnenmast so prominent hervorstach, dass er vor ein Rathaus aus der Franco-Ära gepasst hätte. Hier verbrachte ich um 1985 einige Tage in einer Suite mit Klimaanlage. Da ich beruflich unterwegs war, zahlte mein Arbeitgeber den Aufenthalt, und ich führte meine frischgebackene Ehefrau aus. Als der jobmäßige Aufenthalt zu Ende war, mussten wir umziehen. Unser neues Hotel lag am anderen Ende der Straße, hatte minus einen Stern und stank nach Katzenpisse, und die Aufzüge betrat man durch scheppernde Falttüren. Nachts hallten die Schreie der anderen Insassen durch die Gänge. An diesem Ort lernte ich, den Wert von Geld zu schätzen.

60 Kilometer: Nördlich von Marseille, ein Stück die A7 hoch, befindet sich die Provence. Ich kenne die Provence recht gut: Gordes, Goult, Ménerbes, Roussillon, Apt, Aix und Cavaillon. Letzteres ist eine stinknormale Marktstadt an der Autobahn, ein guter Supermarkt, *bricolage, gare* und eine sehr bequem gelegene *périphérique* sorgen dafür, dass man schneller wieder rauskommt.

Im Nordwesten von Cavaillon liegt L'Isle-sur-la-Sorgue. Diese malerische Gemeinde hat ihre Seele an den Teufel verkauft. Sie mag wie ein mittelalterliches Dorf am Ufer eines wunderschönen Flusses aussehen, der so klar wie ein Bergbach ist und in dem sich Fische zwischen den sattgrünen Algen tummeln. Doch die Idylle trügt. Bei dem Fluss handelt es sich in Wahrheit um den Styx, und jeder, der auch nur im Entferntesten wie ein Einheimischer aussieht, ist dazu auserkoren, Seelen ans andere Ufer zu bringen, wo ein Trödelmarkt sich bis zum Horizont erstreckt. Im Hochsommer findet jeden Sonntag ein Bootsrennen gegen den Strom statt, das einen angenehmerweise von dem betörenden Duft von gebratenen Poulets ablenkt.

Ich stelle mir vor, wie einige Hippies vor vierzig Jahren mit ihren Schlafsäcken aus Paris in diesem verschlafenen ländlichen Marktflecken ankamen. Sie hatten ein paar Perlen und Schmuckstücke dabei, die sie verkaufen wollten. Wie nett, dachten die Bewohner und zogen mit ihren Holzbündeln auf dem Rücken und ihren günstig vom Staat erhaltenen Geldern, die ihnen in Scheinen zerknüllt aus den Taschen fielen – damals noch in Franc-Noten – los. Die Pariser erkundeten nach und nach diesen Ort und wollten ein Souvenir oder zwei von ihrem Ausflug aufs Land mitnehmen. Also fingen die Dorfbewohner an, die Häuser ihrer Großmütter nach Küchenwaagen aus den Fünfzigerjahren und die Gartenhäuschen ihrer Großväter nach Bauteilen alter Bohrmaschinen und hölzernen Handhobeln zu durchsuchen, die sie am Straßenrand zu Preisen verkauften, die sie sich am Abend zuvor mit größtem Vergnügen über ein paar Gläser Pastis ausgedacht und dann auf vergilbte Papierschilder geschrieben hatten.[1] Raphaël und Chloé hielten das für schrecklich reizend und kauften alles. Nach ihrer Heimkehr erzählten sie ihren Freunden im 10. Arrondissement direkt neben dem Quai de Valmy, was für ein Schnäppchen sie gemacht hätten. Sie hatten so viel Spaß gehabt, dass sie im nächsten Jahr zurückkamen und ein Vermögen für einen rostigen alten Nagel und eine Ziegenkäse-Überraschungstüte ausgaben. Und so erinnert L'Isle-sur-la-Sorgue heute jeden Sonntag an ein Designer-Outlet.

Wir haben unsere Urlaube viele Jahre lang in Murs, einem nahe gelegenen Dorf, bei einer wunderbaren Dame namens Anne

---

[1] Ich habe keine Ahnung, wo sie diese Preisschilder mit den weißen Baumwollfäden und der länglichen Karte herhatten. Jeder Stand besaß sie, und alle schienen von derselben Person geschrieben worden zu sein. Vermutlich wurde irgendwo in den Gassen von L'Isle-sur-la-Sorgue eine alte Dame gefangen gehalten, die die Preise mit dem Blut siebzehnjähriger Hippies auf das Papier kritzelte.

White verbracht. Sie war Engländerin, stammte aus Sussex, lebte seit fünfzig Jahren in der Provence und war beinahe akklimatisiert und akzeptiert. Beinahe. Es wird sicher nochmal 20 Jahre dauern, bis die lokale Polizei, die *flics*, ihr ihre Raserei durchgehen lassen. Einer ihrer Stiefsöhne hatte sogar eine Frau aus der Gegend geheiratet und mit ihr zwei Kinder, die irgendwie als »von hier« galten. Aber das machte es nur noch schlimmer. Denn dieser Sohn hatte sich eines der Mädchen aus der Umgebung geangelt, obwohl es davon ohnehin nicht genug gab.

Geht man Richtung Westen, kommt man an Orange vorbei und gelangt zum Pont du Gard. Bei unserem jährlichen Urlaub in Murs sind wir regelmäßig zu dieser Bogenbrücke gefahren, um unter ihr im Gard zu schwimmen und dieses Monument zu bewundern: ein perfekt erhaltenes Aquädukt aus der Römerzeit in schwindelerregender Höhe. Das Bauwerk ist atemberaubend. Sollte es die alten Römer je wieder hierher verschlagen, wären sie sicher entzückt, dass es noch wie neu aussieht. Aber so ganz stimmt das nicht. Bis zur Mitte des 19. Jahrhunderts war das Aquädukt eine ziemliche Ruine. Dann hat Napoleon III. beschlossen, dass der Staat es wieder restaurieren sollte. Und genau das hat er auch gemacht und dabei Steine von überallher verwendet. Was man heute also zu sehen bekommt, ist zu großen Teilen gar nicht der römische Pont du Gard. Schon komisch. Im Westen gilt etwas als Replik, wenn es kaputt geht und dann mit etwas Gleichem ersetzt wird. Im Osten sieht man das anders. Der Kiyomizu-dera, der Tempel des klaren Wassers im Osten Kyotos, ist oft um- und wieder aufgebaut worden, seit vor rund 1200 Jahren das Fundament gelegt wurde. Es steht gar nicht zur Debatte, ob es sich dabei immer noch um den Original-Tempel handelt. Natürlich tut es das. Er verkörpert seine eigene Geschichte. Seine Bedeutung und Identität basieren nicht auf seinem heutigen Aussehen. Im Westen haben wir es nicht so mit diesem Konzept.

Wenn mein Großvater eine Axt hat, mein Vater den Griff austauscht und ich die Klinge, ist es dann noch die Axt meines Opas?

15 Kilometer: Bei ungefähr fünfzehn Kilometern wird alles etwas spezifisch. Man kann die Küste und die Weinberge ausmachen, die Berge und Dörfer und Städte wie Montpellier. Ich zoomte auf das Orb-Tal. Béziers mit seinem bekannten Rugby-Klub, einer recht schicken mittelalterlichen Kathedrale und Stierkämpfen im Sommer.

»Kaz, was weißt du über das Languedoc?«

»Du hast mir nicht zugehört, oder?«

»Wem gehört was an der Oder?«

»Languedoc. Languedoc. Da habe ich mich die letzten sechs Wochen umgeschaut. Da werden wir uns nächsten Monat rumtreiben, wir haben dort fünf verschiedene Besichtigungstermine vereinbart, von denen ich dir gestern lang und breit erzählt habe.«

»Mann, ist das gruselig«, sagte ich.

3
UN GRAND PROJET

»Ryanair-Ellenbogen« und andere Kampfsportarten –
Ein Franzose namens Charles aus Lewisham – Nylonkissenwut –
Hauskauf – Hausverlust – Ein Versprechen

Es war an einem Tag im März 2004 gegen zehn Uhr morgens. Das Abflugterminal des Londoner Flughafens Stansted, in dessen Mitte der wunderbare, 1991 zur Feier eines Besuchs von Queen Elizabeth II. gebaute Duty-Free-Einkaufskomplex aufragte, war gut besucht. Kaz und ich hasteten mit dem schnellen Gang umher, der Kunden von Billig-Airlines zu eigen ist, die nur wenig Zeit für alles haben.»... was sie einander zu sagen hatten, war von so weittragender Bedeutung, daß es immer erst nach langem vorbereitendem Schweigen ausgesprochen wurde und alle zwanzig Schritte nicht mehr als ein Satz zustande kam, wobei diesen Satz oft auch ein einziges Wort nur oder ein Ausruf ersetzte. Da jedoch beide Sprecher einander seit Langem kannten, einträchtig gemeinsame Ziele verfolgten und wohldurchdachte Pläne stets sorgfältig erwogen, war sich jeder von beiden auch über die genaue Bedeutung solcher Ausrufe klar.«[2]

---

2   Gabriel Chevallier, französischer Journalist und Literat

Wir hatten einen Ryanair-Flug von Stansted nach Montpellier gebucht. Wenn man mittelaltes Mitglied der Mittelschicht ist und sich ein paar Kröten leihen kann, dann ist es ebenso wichtig, ein Haus in Frankreich zu besitzen, wie einen Geländewagen zu fahren, sich den Wocheneinkauf nach Hause liefern zu lassen, ein unterbenutztes Facebook-Profil zu haben und jede Schattierung von Farrow & Ball-Wandfarben zu kennen. (Fürs Protokoll: Ich habe nichts davon und will auch nichts davon, und die Farbpalette von Farrow & Ball bleibt für mich wohl ein lebenslanges Geheimnis.)

Es hatte nur vier Monate gedauert, bis ich mich hatte breitschlagen lassen. Kaz entschied gleich zu Anfang, dass das Languedoc unsere erste Anlaufstelle sein sollte. Dort war es günstiger als in der Provence, und so konnten wir etwas Neues »entdecken«.

Das ist mein großes Problem. Ich kann mich nicht entspannen. Wenn ich nicht irgendetwas tue, fühle ich mich, als ob ich Zeit verschwende und arbeiten sollte. Wenn ich arbeite, muss ich meine Aufgaben so schnell wie möglich erledigen, damit ich schneller fertig werde. Glauben Sie mir, ich möchte mich entspannen, es ruhig angehen lassen, die Welt an mir vorbeiziehen lassen. Ich schaue auf die Uhr, und jedes Ticken ist ein Todesurteil. Ich versuche, tief durchzuatmen. Ich versuche mir einzureden, dass es egal ist, dass ich jede Menge Zeit habe, dass mich niemand für einen Dummkopf halten wird, wenn ich erst in einer Stunde auf die E-Mail antworte. Probieren Sie den Stau-Test mal bei sich selber aus. Wenn ich im Stau stecke, weiß ich ganz genau, dass es völlig sinnlos ist, sich zu ärgern, weil es nicht vorangeht. »Du kannst nichts dagegen tun, bleib ruhig«, sage ich mir. Dann schreie ich den Kerl vor mir an, der einen halben Meter Platz zwischen sich und seinem Vordermann gelassen hat.

Das ist so eine Eigenart von grantigen alten Männern, obwohl ich erst grantig und dann viel später alt geworden bin. Ich war schon im zarten Alter von fünf Jahren grantig. Meine Mutter erzählt gerne die Geschichte von meinem ersten Schultag. Einer meiner Mitschüler war ein großer Junge namens Charlie Hines, dessen Eltern die Umzugsfirma in Lichfield betrieben. Ich kann mich sogar an die Situation erinnern – oder glaube es zumindest. Ich wurde in dieses große, viktorianische Klassenzimmer mit hoher Decke geführt, das wohl von der Reformbewegung Arts and Craft inspiriert war. Drinnen standen mehrere kleine Schreibtische mit Stühlen davor, und Mütter mit ihren Kindern wuselten umher und machten sich bereit, sich von ihren Lieblingen zu verabschieden. Man gab mir ein Puzzle mit einer blauen Dampflok darauf. Ich wette, es war eine Mallard. Das war vertrauenerweckend, und als meine Mutter mir zum Abschied einen Kuss gegeben hatte, fügte ich mich darein, das zu tun, was das Puzzle von mir verlangte. Dann hörte ich ein Heulen, als würde jemand zu Tode geprügelt. Ich blickte auf und sah Charlie, der seine Mutter mit ausgestreckten Armen anflehte, ihn nicht zu verlassen. Es war ein herzzerreißender Anblick. Ihre erste Trennung, ein Moment voller Pathos, der ihn vermutlich den Rest seines Lebens verfolgen würde. Ich wollte allerdings nur, dass er endlich die Klappe hielt, damit ich mit meinem Puzzle weitermachen konnte. Später freundeten Charlie und ich uns an. Er war ein großer Kerl. Wenn man so klein ist, wie ich es war, ist es gut, einen großen Kumpel zu haben.

    Als Teenager wurde es nur noch schlimmer, weil ich auf vielen Partys in der Küche abhing. Auch auf dem College ging das so weiter – warum bekamen diese oberflächlichen Pfeifen mit Oberlippenflaum die ganzen Mädchen ab, und ich, ein Mann mit tiefgründigem Charakter und Oberlippenflaum, ging leer aus?

    Grantigkeit gehört einfach zum Männerdasein dazu. Da ich in Lichfield lebte, kam ich an Samuel Johnson nicht vorbei, der von dem Moment an unausstehlich wurde, als ich auf allen vieren im Rinnstein der Bore Street nach seiner heruntergefallenen Brille suchte, ohne die er den Weg nach Hause nicht mehr fand. Wenn ich so darüber nachdenke, traue ich niemandem über den Weg, der nicht wenigstens ein bisschen grantig ist. Vor ein paar Jahren habe ich ein Interview mit Sydney Pollack, dem Regisseur, und Frank Gehry, dem Architekten, geführt. Ich fragte sie, wie sie sich kennengelernt hätten. Die beiden alten Männer kicherten los. Erzähl du, sagte Gehry, nein du, sagte Pollack und fuhr dann fort: »Nun ja, das war, als wir einander bei einem Empfang in New York vorgestellt wurden. Ehe wir uns versahen, hatten wir über eine Stunde lang in einer Ecke zusammengestanden und uns über Kritiker, unser verkanntes Genie, unwissende Mitmenschen und unser hartes Leben beschwert... Da stellten wir fest, dass wir gute Freunde werden würden, weil alle großen Männerfreundschaften darauf basieren, dass man die Schnauze gestrichen voll von allem hat.«

***

Kaz hatte also beschlossen, dass wir ein Projekt brauchten, und deshalb standen wir jetzt hier am Flughafen in der Schlange. Die anderen Menschen schienen einander zu kennen. Sie waren alle geschniegelt und gestriegelt und warfen mit Ticket-Preisen um sich. Ein älterer, gut gekleideter Gentleman, der einen weißen Fedora und einen maßgeschneiderten Sommeranzug trug, und seine Partnerin mit toupierten Haaren legten als Erste los. Sieben Pfund pro Flugticket, doch sie hatten auch in weiser Voraussicht vor drei Monaten gebucht. Das ist der Kniff, wissen Sie? Das Timing. Timing ist alles. Würde man zumindest glauben, aber das ist nur ein Faktor im großen Ryanair-Ticketpreis-Cup. Ein jüngeres Paar mit einem Porsche-Schlüsselanhänger und einem privilegierten Kind in einem Buggy warfen ihren Hut in den Ring. Fünfundneunzig Pence! Jawohl, fünfundneunzig Pence, zuzüglich

Flughafengebühren, die man aber getrost ignorieren konnte. Fünfundneunzig Pence je Flug. Hinflug und Rückflug. Weniger als zwei Pfund pro Rundreise. Weniger als vier Pfund, denn der Knirps flog kostenlos. Was sagt man dazu? Junge, dachte ich, ziemlich gut. Doch dann brach ein regelrechter Wettstreit aus.

»Sie müssen das Gepäck noch aufgeben, das ist ganz schön happig«, sagte jemand hinter mir, als die Schlange ein paar Schritte vorwärtsrückte.

»Sie müssen die Flughafengebühren berechnen, sonst ist das unfair«, bemerkte ein Vielflieger.

»Und Sie müssen entscheiden, ob es nur um die Eltern geht. Ich muss für meinen Teenager bezahlen, das ist auch nicht gerecht.«

Es entspann sich ein lustiger Wortwechsel, der all jenen, die nicht Teil der Gruppe waren, völlig humorbefreit erschien. Als ich einen Blick auf das Flugticket in meiner Hand warf, verging mir das Lachen sogar noch gründlicher. 210 verdammte Pfund. Ich hatte den Dreh wirklich nicht raus.

Nach einer halben Stunde erreichten wir den Check-in-Schalter, bekamen unsere Bordkarten (dieser Flug liegt schon einige Jahre zurück) und trotteten zur Sicherheitskontrolle. Das alles hatte eine Stunde gedauert. Der Flug selber würde eine Stunde und fünfundvierzig Minuten dauern. Wir warteten eine weitere halbe Stunde, bis der Flug auf der Anzeigetafel erschien, dann machten wir uns auf zum Gate. Das war ein Fehler. Die anderen Passagiere waren schon da und hatten schon geraume Zeit an diesem Ort verbracht. Sie standen am Anfang der Schlange, beinahe an der Tür zum Gate. Sie hatten sich breitgemacht, als wären sie bei einem Picknick auf dem Glyndebourne Festival. Um sie herum war eine ganze Kleinstadt zusammengekommen. Etwa 150 Menschen drängten sich in zwei Reihen um eine klitzekleine Schalterzelle, die von zwei Ryanair-Angestellten bewacht wurde.

Einer der beiden tippte gegen ein Mikrofon. »Ladys und Gentlemen, willkommen zum Ryanair-Flug FR632 nach Montpellier. Wir möchten Ihnen mitteilen, dass das Verteidigungsministerium soeben den Ausbruch des Dritten Weltkriegs verkündet hat. Es befinden sich mehrere Nuklearraketen auf dem Weg nach Stansted Airport. Leider ist in unserem Atomschutzbunker nur noch Platz für zwölf Menschen. Wir bitten alle Fluggäste mit den Nummern eins bis einhundert eine geordnete Reihe auf der linken Seite zu bilden; alle Fluggäste mit Nummern ab einhundert bilden bitte eine Reihe neben dem Fenster, damit wir das glückliche Dutzend auswählen können.« Und so geschah es auch. Alle – bis auf wir *ingénues* – drängten nach vorne, und ich lernte zum ersten Mal die hohe Kunst des Ryanair-Ellenbogens kennen.

Der Ryanair-Ellenbogen ist eine Technik aus der gleichen Kampfsportart, die auch die »Zugpendler-Schulter«, den »Babybuggy-Knöchel« und den »Kraftprotz-Glotzer« hervorgebracht hat – Sie wissen schon, wenn sich ein Riese von einem Mann im Zug neben Sie stellt und Sie die ganze Reise über ohne erkennbaren Grund bedrohlich anstarrt. Der Ryanair-Ellenbogen ist kein gewöhnlicher Knuff gegen Brust oder Arm des Rivalen. Irgendwie ist er viel, viel mehr als das. Zunächst einmal führt man ihn mitten in einer Menschenmenge aus, ohne dass es offensichtlich wird. Man winkelt den Arm um etwa 45 Grad an, beschreibt dann mit dem Oberkörper einen Halbkreis und gräbt den Ellenbogen einige Zentimeter tief in das Fleisch seines Gegners. Eine Millisekunde später hat man sich schon wieder umgedreht und den Ellenbogen unauffällig heruntergenommen. Man könnte ihn auch als einen billigen Bruce-Lee-One-Inch-Punch bezeichnen. Bis man merkt, dass man von einem Ellenbogen attackiert wurde, ist es unmöglich, in den zwanzig dicht an dicht stehenden Menschen um sich herum den Übeltäter auszumachen. Bis der Schmerz abgeklungen ist, ist der Angreifer verschwunden, die

Rampe hinunter und auf seinem Sitzplatz, und zwanzig weitere Menschen haben sich an einem vorbeigedrängt. Trainingseinheiten werden auf abgelegenen Bauernhöfen abgehalten. Als wir die Schalterzelle erreichen, sind wir nicht mehr Nummer 50, sondern eher Nummer 150 und – was noch viel schlimmer ist – sind als Frischfleisch ausgemacht worden. Wir hatten uns gerade auf unsere Sitze fallen gelassen, da knallten auch schon die Türen hinter uns zu, die Turbinen heulten auf und die Stewardessen begannen mit ihrem Schwimmwesten-Aerobic. Der Pilot überprüfte alles, während wir von einem kleinen Truck auf das Rollfeld geschoben wurden. Die Person neben mir las ein Buch, das sie bei Waterstone anlässlich einer »Nimm 3, zahl 2«-Aktion gekauft hatte. Nachdem sie fast zwei Stunden damit verbracht hatten, uns in das Flugzeug hineinzubekommen, schien Ryanair es jetzt nicht ausstehen zu können, uns in ihrem Flugzeug zu haben. Ohne auch nur einmal innezuhalten, schossen wir die Startpiste hinunter und hinauf in die Lüfte. Sie wollten uns so schnell wie möglich aus dem Flugzeug heraushaben, aber vorher würden sie uns so viel Geld wie möglich aus den Taschen ziehen.

»Leckere Getränke.« Wann wurde Ihnen zuletzt etwas angeboten, das als »leckeres Getränk« bezeichnet wurde? Ich habe diese Formulierung das letzte Mal von Samuel L. Jackson gehört, bevor er einige junge Kerle mit einer mächtig großen Waffe ausgeknipst hat. Dann kamen die Sandwiches, Kekse, Rubbellose und Werbung für die Autovermietung ihrer Wahl. Ich fragte mich, ob ich auch jemanden um einen Kostenvoranschlag für eine Doppelverglasung oder eine Garantieverlängerung für meinen CD-Player bitten konnte. Vergessen Sie nicht, dass dieser Flug 105 Minuten dauert, also müssen sie sich echt sputen. Was mich am meisten wunderte, das waren die Leute, die tatsächlich die »Gelegenheit« ergriffen, ein »leckeres Getränk« zu genießen und ein Rubbellos zu kaufen. Angeblich wurden die Erlöse gespendet. Man konnte ein Auto gewinnen, und in den späten Achtzigerjahren hatte es jemand auf einem Flug nach Berlin sogar tatsächlich geschafft, einen solchen Preis einzuheimsen.

Ich schaffte es immerhin, der Versuchung zu widerstehen, meine gesamten Ersparnisse bei dieser »einmaligen Gelegenheit« auf den Kopf zu hauen, und nur ein oder zwei Minuten später neigte sich die Schnauze des Flugzeugs. Wir begannen unseren Anflug auf Montpellier. Um ehrlich zu sein, war es ganz leicht, das Mietauto abzuholen, und bald befanden wir uns auf der Autobahn, die die Küste hinunter ins etwa sechzig Kilometer entfernte Béziers führt. Dann wird sie von kurvenreichen Landstraßen abgelöst, an denen sich die Weinreben auf beiden Seiten an den Straßenrand drängen.

Wir hatten ein Hotel gebucht, das uns im Internet empfohlen worden war: Château Saint-Martin des Champs, ein *relais du silence* – ein ruhiges Hotel, das außerdem auch wirklich schön war. Ich liebe Hotels und Küstenresorts außerhalb der Saison, diese verlassene, einsame Atmosphäre. Hätten sie die zeternden und marodierenden Sperlinge vergiftet, die mehr Lärm machten als ein Feuerwehrauto auf der Fifth Avenue, wäre es sogar idyllisch gewesen.

***

Am nächsten Morgen erwachten wir in aller Herrgottsfrühe. Die Sonne schien, der Himmel war blau, die Luft warm, an den Bäumen zeigten sich die ersten grünen Blätter, alle meine Freunde arbeiteten – und ich war im Urlaub. Wir schlenderten ins nächste Dorf, Saint-Geniès, wo wir in dem Café Pachamama einen Termin mit dem Immobilienmakler hatten. Wir bestellten uns Kaffee und Croissants und warteten auf unseren *immobilier* und Fremdenführer.

Eine halbe Stunde später, gegen zehn Uhr, kam Charles um die Ecke gerockt, und ich meine das buchstäblich. Er hielt mit einem schmutzigen, puderblauen Renault gegenüber dem Café, und seine Musik beschallte den ganzen Platz. Als er den Schlüssel drehte, erstarb die Musik, und er stieg mit auf den Kopf geschobener Sonnenbrille aus. Charles war in den späten Zwanzigern, seine Augen waren deutlich blutunterlaufen, und er trug Jeans und T-Shirt. Während er über die Straße lief, grüßte er fast jeden mit »Ça va?«. Vorbeikommende Autofahrer kurbelten ihre Fenster runter, hupten und riefen »Ça va, Charles?« und »Salut, Charles!«. Er winkte ihnen desinteressiert und gezwungen lächelnd zu, erspähte uns und ließ sich mit einem Seufzer auf den dritten Metallstuhl an unserem Tisch fallen. »Hey«, sagte er müde in perfektem Englisch. Es lag nur der Hauch eines Akzents in seiner Stimme. »Ihr müsst die Dolbys sein.« Ohne sich aufzusetzen, streckte er uns die Hand entgegen. Wir beugten uns vor und schüttelten sie. »Charles«, sagte er. »Ich arbeite für Freddy's Immobilien. War 'ne harte Nacht. Hatte ein paar Freunde da, und dazu sind noch Freundinnen meiner Frau aus Paris auf Besuch bei uns. Dann konnte unsere kleine Tochter nicht einschlafen, nachdem alle weg oder in ihren Betten waren, und ich habe mich um sie gekümmert. Also habe ich nicht sonderlich viel geschlafen. Wie auch immer, ich habe so fünf oder sechs Häuser für euch. Wir können mein Auto nehmen, aber ich muss noch ins Büro, um die entsprechenden Mappen abzuholen. Das liegt direkt um die Ecke. Wollt ihr noch mehr Kaffee, bevor wir aufbrechen? Klar wollt ihr noch mehr. Ich zahle. Dauert nicht lange. Aus welchem Teil Londons kommt ihr denn eigentlich? Ich habe bis vor zehn Jahren mit meiner Mutter in Lewisham gelebt. Total runtergekommen da. Also, Kaffee? Ja? Okay, nur einen Augenblick.« Und so lernten wir den legendären Charles kennen.

Zwanzig Minuten später kam er ohne Kaffee wieder. »Okay, dann wollen wir mal.«

»Also gibt's keinen Kaffee mehr?«, fragte ich.
»Keine Zeit. Ihr seid ja immerhin hier, um Häuser zu besichtigen. Und ich bin hier, um sie euch zu zeigen. Los geht's.« Und so starteten wir, über Landstraßen und durch Weinberge, über Bergpässe und durch Dörfer, die sich an die Hänge klammerten, durch Höfe und Wälder und Haine und über gerade Straßen, die von wunderschönen Platanen mit fleckigen Stämmen gesäumt waren. Zumindest glaube ich, dass wir all diese Orte vorbeiziehen sahen. Wir waren so schnell unterwegs, und Charles redete ohne Punkt und Komma, ohne je in die Richtung zu schauen, in die wir rasten, dass ich diese Fahrt nur überlebte, indem ich das Armaturenbrett anstarrte und so tat, als läge ich im Koma. Am Rande jedes Dorfes befanden sich brandneue, orangefarbene Bungalows, vor denen je eine stachelige Yuccapalme stand. Dann, als wir langsamer in den älteren Teil der Siedlung kamen, fiel mir auf, dass jedes zweite Haus baufällig war. Ich fragte, was hier los sei, und Charles antwortete, dass die Häuser nach einem Todesfall den Verwandten überlassen wurden – und zwar allen. Es würde aber Ewigkeiten dauern, die rechtlichen Nettigkeiten auszutauschen, und in manchen Fällen sei das Haus mehrere Jahre lang sich selbst überlassen. Aber eigentlich wollte ohnehin niemand in den zugigen, kalten alten Steinhäusern wohnen. Die Instandhaltungs- und (im Winter) Heizkosten seien astronomisch. Viele zögen es deshalb vor, in *lotissements* (Wohnsiedlungen) am Rand umzuziehen. Viel wärmer und insgesamt günstiger. Es waren diejenigen, wie ich noch erfuhr, die nach einem Zweitwohnsitz suchten, die die alten Häuser kauften, wenn sie auf den Markt kamen. Charles sagte, den Leuten von hier mache das offenbar nicht viel aus. Sie bekamen das Geld, und die neuen Besitzer waren darauf bedacht, ihr neues Haus vernünftig zu renovieren.

Wir hielten in einem kleinen Dorf, parkten den Wagen und wurden zu einem Haus geführt, das heruntergekommener nicht hätte sein können. Der Ort war entzückend – wie sollte es auch anders sein, hier war alles entzückend –, doch das Gebäude lag in einer Art Kessel im Dorf, sodass man nur über eine Treppe zur Eingangstür gelangen konnte. Durch die Tür traten wir dann direkt in das Wohnzimmer, wo uns eine Dame um die sechzig mit einem breiten Lächeln und einem Kopfnicken begrüßte. Sie war etwa so hoch wie breit, hatte schütteres Haar und wischte sich die Hände energisch an ihrer sauberen weißen Schürze ab. Sonst schien niemand anwesend zu sein, also führte Charles uns herum: ein Schlafzimmer, noch ein Schlafzimmer, ein vollgestopfter Dachboden und ein Loch in einer Wand, hinter dem man »eine Dachterrasse ausbauen könnte«. Das würde wohl ein längeres Unterfangen werden. Charles versuchte nicht mal, uns das Haus schmackhaft zu machen, sondern scheuchte uns weiter. »Ist nicht euer Ding, ich seh's schon«, sagte er halb zu uns gewandt. »Weiter geht's.« Er marschierte hinaus und sagte, soweit ich es verstand, im Gehen zu der Dame, dass das Haus nicht passend sei, und mit einem Winken ging es zum nächsten Objekt.

So lief es den Großteil des Tages ab. Ein Haus folgte auf das nächste, bis mir beinahe der Kopf explodierte. Ich glaube, das nennt man Aversionstherapie. Charles wollte die Erwartungen so weit drücken, dass wir sofort zuschlagen würden, wenn er uns etwas auch nur annähernd Passendes zeigte.

Der Tag endete gegen vier bei Drinks in einer Bar. Charles war guter Dinge. »Jetzt kenne ich euren Geschmack, und morgen können wir uns an die Arbeit machen.«

»Wunderbar«, sagte ich und dachte daran, wie ich mir daheim in meinen Lieblingssessel mit einer Packung Hula-Hoops-Chips, einem eimergroßen Glas Wein und der neuesten Folge *The West Wing – Im Zentrum der Macht* einen schönen Abend machen könnte. Ich seufzte.

An jenem Abend saßen wir nach dem Essen im kühlen Hotelgarten und beschlossen, dass die Chancen zwar schlecht standen, wir aber immerhin einen schönen Wochenendausflug haben würden. Es wurde Nacht, die Eulen schuhuten, und wir gingen zu Bett. Und dann verlor ich die Fassung.

Kissenbezüge aus Polyester. Entschuldigung, aber was soll der Scheiß? Verdammte Polyester-Kissenbezüge. Genauso gut hätte man sie aus Mürbeteig machen können. Und wenn man sich hinlegt, fühlt es sich an, als würde man mit der Wange an einem Klettverschluss hängen. Dann wird es warm, als hätte man Schmerzsalbe aufgetragen. Nur der Geruch bleibt einem erspart. Ich war ganz und gar nicht angetan davon, meine Laune war im Keller. Das Kissen schlitterte über den Boden. Ein Schwall Schimpfwörter folgte. Runter an die Rezeption, wo sie alle ein perfektes, gut verständliches Englisch sprachen und mich trotzdem keiner verstand. Offenbar verwendeten sie diese Kissenbezüge immer, und damit hatte es sich. Mein Gemütszustand verschlechterte sich ins Unermessliche. Ich polterte wieder die Treppe hoch in unser Zimmer, wo meine Ehefrau meine geballte Frustration abbekam. Am Ende wickelte ich dann ein Handtuch um das unsägliche Kissen, was vermutlich jeder von uns schon mal gemacht hat. Doch meine Gereiztheit besserte sich über Nacht nicht, und am nächsten Morgen ging es übermüdet und benommen in die nächste Besichtigungsrunde.

***

Charles hatte eine erholsame Nacht gehabt, war herausgeputzt und hoch motiviert. Das erste Haus war, wie am Vorabend versprochen, schon viel eher unser Fall. Ein großes Stadthaus am Rande des Dorfes, das jedoch einen immensen Renovierungsbedarf hatte. Es hatte mehrere kleine Anbauten, mit denen die Räume vergrößert worden waren. Mit dem Zehnfachen des Verkaufspreises hätte man es ganz reizend machen können. Von der Terrasse aus hatte man eine wunderbare Aussicht über die Felder bis hin zu den Bergen. Doch für uns war das nichts.

Wir fuhren mit unserem Wagen von Haus zu Haus, ohne dass Charles' Enthusiasmus einen Dämpfer bekommen hätte. Ich meine mich daran zu erinnern, dass er in Frankreich geboren und aufgewachsen war, aber auch mal in Südlondon gelebt hatte. Er sprach perfektes Englisch, perfektes Französisch und was man sonst noch so perfekt sprechen konnte. Er schien einer dieser beneidenswerten Menschen zu sein, die ihr Leben im Griff hatten. Er musste sich keine Sorgen machen. Er verstand etwas von Musik und hatte in den U2-Studios in Dublin gearbeitet, wo er angeblich seine Initialen hinten in eines der Mischpulte geritzt hatte – Bono geht wahrscheinlich sofort auf die Suche danach, wenn er das hier liest. Charles' Ehefrau war eine Schauspielerin, die viel in Paris gearbeitet hatte und in einigen französischen Filmen zu sehen war. Dass ihr verschiedenste Rollen in England und Hollywood angeboten wurden, obwohl sie kaum Englisch sprach, machte den beiden ziemlich zu schaffen. Wenn es sich ergäbe, würde er ihr nach Amerika folgen. Toll fand er den Gedanken offensichtlich nicht, aber er würde es tun, wenn es sein müsste, sagte er.

Wir kamen in einem Ort namens Magalas an, parkten auf dem Dorfplatz neben einer Pizzeria und gingen an der Kirche vorbei, um eine Kurve und hinein in ein Labyrinth schmaler Kopfsteinpflastergassen (später sollte ich erfahren, dass man sie auch *calades* nennt), die von wunderschönen Steingebäuden gesäumt waren. Wir erreichten das Objekt, das wir besichtigen wollten. Blaue Fensterläden und ein traditioneller Keller mit blauer Tür. Es sah vielversprechend aus. Wir gingen hinein und öffneten die Fensterläden, sodass Tageslicht auf einen kleinen Wohnbereich fiel. Am anderen Ende des Raumes führte eine Treppe nach oben, links von uns lag eine offene Küche. Nicht sehr groß, aber nicht schlecht und frisch instand gesetzt. Noch immer sah alles vielversprechend aus. Oben ging ein Schlafzimmer auf die Straße, ein weiteres nach hinten hinaus. Es gab ein kleines Badezimmer, das ebenfalls gründlich renoviert worden war. Die Steinwände waren freigelegt worden, und weiße Farbe sorgte für eine Ferienhausatmosphäre. Vom oberen Stockwerk ging es auf eine kleine Terrasse hinaus, von der aus man über die Dächer der anderen Häuser, auf die Felder und bis zu den Bergen in der Ferne blicken konnte. Alles war liebevoll hergerichtet. Das traf schon eher unseren Geschmack. Das Haus war zwar klein, aber auch praktisch und hübsch saniert. Es gefiel uns. Charles war ebenfalls enthusiastisch. Ihm gefiel es auch und er fand, es wäre wirklich passend als Ferienhaus. Schöne Lage in einem schönen Dorf mit schönen Restaurants und Bars. Und weil es fast Mittag war, machten wir uns auf, um ein Bier zu trinken.

Wir gingen durch das Dorf, an der mittelalterlichen Kirche vorbei, an der Fleischerei, in der auch ein Restaurant untergebracht war, an zwei, drei Bars und an einigen Geschäften. Es sah toll aus. Wir setzten uns und bestellten ein Bier. Alles lief hervorragend. Charles wollte über den Preis sprechen. 130 000 Euro insgesamt. Merkwürdigerweise war das genau die Summe, die wir veranschlagt hatten. Wir unterhielten uns noch etwas, gingen dann zurück und schauten uns das Haus erneut an. Im Vergleich zu vor einer Stunde war es noch besser geworden. Es schien sogar etwas größer, eines der Schlafzimmer könnten wir benutzen, die Kinder könnten sich das andere teilen. Das würde vielleicht Streit geben, wenn sie erst älter waren, aber wer weiß. Wir fuhren zurück nach Saint-Geniès und setzten uns erneut in eine Bar. »Okay, tun wir's«, schlug ich vor, und wir alle nickten. Charles rief den Besitzer an und sprach mit ihm. Wir hätten den geforderten Preis geboten. Lächeln und Nicken. Aufgelegt. Okay, ihr habt's!

***

Dann mussten wir ein Schreiben an den Eigentümer unterzeichnen, einen Scheck über fünf Prozent des Kaufpreises ausstellen, und nach einer Wartezeit von sieben Tagen, in der sich alles setzen sollte, würde es weitergehen.

Wunderbar. Glückwunsch. Wir waren Besitzer eines Hauses in Frankreich. So einfach. Kein Palaver. Kein unnötiges Getue. Keine Fanfaren.

Noch mal Hurra!

Charles wünschte uns alles Gute. Tat er wirklich. »Alles Gute«, sagte er, und wir beschlossen, dass wir an die Küste fahren würden, die nur eine halbe Stunde entfernt lag. Wir riefen George und Freya zu Hause an. »Das werdet ihr nie erraten!« Sie freuten sich und wollten alles genau wissen, außerdem sollten wir Fotos vom Haus aufnehmen. Wir machten welche von der Straße aus, dann fuhren wir zur, wie uns schien, nächstgelegenen Küste und zum Strand von Marseillan in etwa dreißig Kilometer Entfernung. Dort begrüßten uns ein wunderschöner blauer Himmel und ein schöner Sandstrand, der sich bis nach Sète erstreckte. Wir parkten den Wagen und gingen am Ufer des Mittelmeers entlang. Es war kaum eine Menschenseele unterwegs. Der Wind war warm und das Meer ganz still. Wie schlau wir doch waren.

Plötzlich hörte ich ein Handy klingeln. Wie es meine Angewohnheit war, blieb ich stehen und holte es aus der Tasche. Es war wirklich mein Nokia 3310, das da klingelte. Ganz entgegen meiner Angewohnheit hatte ich es angelassen. Ich nahm den Anruf achselzuckend entgegen und fragte mich, wer es wohl sein könne. Vielleicht riefen die Kinder an, weil sie zu aufgeregt waren und nicht mehr abwarten wollten.

»*Bonjour. Monsieur Dolby?*«
»*Oui.*«
»Hier ist Freddy. Charles arbeitet für mich.«
»Ach ja, Freddy, natürlich. Der *immobilier*.«
»Ja. Hören Sie, wir haben da ein Problem.«
»Oh?«

»Mmh. Ich kann es Ihnen nicht schonend beibringen. Es gab eine schlimme Verwechslung. Das Haus, das Sie gekauft haben – ich befürchte, dass es ein paar Stunden, bevor Sie den Zuschlag bekommen haben, bereits veräußert wurde. Es wurde von einem Vater und seiner Tochter angeboten. Charles hat mit dem Vater gesprochen, der Ihrem Angebot zugestimmt hat, ohne zu wissen, dass seine Tochter es kurz zuvor bereits jemand anderem zugesagt hatte. Es tut mir schrecklich leid, Monsieur Dolby. So etwas kommt sonst nie vor. Das ist mir in zehn Jahren noch nicht passiert. Ich hoffe wirklich, dass wir es wiedergutmachen können.«

»Du liebe Zeit« war alles, was ich herausbrachte. Aus irgendeinem Grund war ich gar nicht sonderlich enttäuscht.

»Ich werde dafür sorgen, dass wir die Sache bereinigen können, Monsieur Dolby. Sie werden ganz oben auf unserer Liste stehen, wenn wir ein passendes Angebot finden.«

Er ging wahrscheinlich davon aus, dass ich anfangen würde zu schreien, doch ich sagte nur, dass solche Dinge nun einmal passieren und dass wir immerhin einen schönen Ausflug gemacht hätten. Er hob hervor, wie verständnisvoll ich doch sei. Für meine grantige Art war ich das wohl.

Er legte auf, und ich erklärte Kaz die Lage.

Nach der Euphorie waren wir nun doch etwas enttäuscht, aber nicht erschüttert. »Vielleicht war es einfach nicht das Richtige für uns« musste gar nicht gesagt werden. Schweigend gingen wir am Strand entlang.

4
PLACE DE L'ÉGLISE NR. 1

E-Mail von Freddy – Wir wollen uns keine großen Hoffnungen machen – Kostenlos, wenn man es sich leisten kann, zu teuer, wenn man es sich nicht leisten kann – Place de l'Église Nr. 1

Wir kehrten nach Hause zurück, und ich ging mit dem Gefühl wieder an die Arbeit, dass wir uns in die Kneipe gesetzt und das Spiel verloren hatten. Im Laufe der nächsten Wochen erzählten wir unsere Geschichte jedem, der lange genug sitzen blieb. Über E-Mail kam kein weiteres Angebot. Ich dachte, unser Immobilienmakler-Kumpel hätte uns einfach mit einer Geschichte abgespeist, damit wir wieder nach Blighty verschwanden und weit genug weg waren, um die Idee zu verwerfen. Und so geschah es auch. Wir nahmen unser Alltagsgeschäft wieder auf und dachten immer weniger an ein Haus in Südfrankreich.

Dann, an einem Abend etwa drei Wochen später, bekamen wir eine E-Mail vom *immobilier* Freddy persönlich. In dieser war er sehr freundlich, entschuldigte sich nochmals für die Unannehmlichkeiten und hängte uns einige Exposés an, die von uns für Interesse sein könnten. Sie waren noch nicht auf dem Markt, und wenn uns eines zusagte, sollten wir ihm antworten, denn sobald die Häuser erst veröffentlicht seien, wären sie ratzfatz weg. Ich sah vor meinem inneren Auge, wie er sich an die Nase tippte. Ich öffnete die Anhänge. Wahnsinn, dachte ich. Ich rief nach Kaz. »Alter Verwalter.« Das waren wirklich besondere Häuser. Teuer für jeden, der nach dem Preis fragt, kostenlos für alle, die nicht danach fragen. Er hatte uns einige große Bauernhäuser geschickt. Sie wirkten heruntergekommen, aber nicht baufällig, und lagen in einer Gegend mit viel Charakter. Und der Preis, meine Güte, der Preis. Er befand sich außerhalb unseres Budgets, und eigentlich wollten wir auch kein Bauernhaus mit Renovierungsbedarf und hohen laufenden Kosten. Aber mein lieber Scholli, die Gebäude sahen wirklich gut aus. Es war verlockend. Wir hatten einen Fuß in der Tür. Wir standen beim Metzger in Royston Vasey an der Theke. Ich musste mich zwingen, ruhig zu bleiben und darüber nachzudenken, wie wir das Beste aus der Sache herausholen konnten. Dankbarkeit. So musste ich es formulieren. Dann viele Möglicherweises und Vielleichts, und wir wären wirklich so dankbar ... Es schadete nie, noch mal auf die Dankbarkeit zu verweisen.

Also schrieb ich meinem neuen besten Freund eine E-Mail und sagte ihm, wie dankbar wir wären, dass er an uns gedacht hatte. Hoffentlich glaube er nicht, dass wir ihn ausnutzen wollten, aber wir suchten eher nach einem Dorfhäuschen mit Terrasse. Ein bisschen größer, ja, das ginge auch, aber wir wollten ihm keine Umstände machen.

Er antwortete, wir würden keine Umstände machen, die Angelegenheit sollten wir ruhig ihm überlassen.

Dann verfielen wir in Panik. Es war zu schön, um wahr zu sein. Er stellte uns auf die Probe. Wahrscheinlich lachten er und Charlie sich über uns kaputt, und in weniger als einer Stunde würde Charlie uns anrufen, sich kaum einkriegen und so etwas sagen wie: »Ha! Da haben wir euch ganz schön drangekriegt!«

Aber nichts dergleichen geschah. Eine Woche später kam eine weitere E-Mail, und Kaz öffnete sie, als handele es sich um ein Fabergé-Ei. Öffnete die Anhänge und sah ein sanierungsbedürftiges Dorfhäuschen. Sie rastete fast aus. Die Beschreibung klang perfekt. Sie klang genau richtig. Die Bilder waren etwas schief, aber vermutlich waren sie extra für uns gemacht worden. Sie antwortete. Sieht toll aus, was müssen wir tun? Unser Mann reagierte erneut per E-Mail. Dieses Mal war er ein wenig ernster. Es sei ein gutes Angebot, und wir hätten vom heutigen Donnerstag bis Sonntag Zeit, am Montag ginge das Haus an den Markt. Wir hatten drei Tage. Drei Tage, um da hinzufliegen, es uns anzusehen und zu kaufen.

Wir mussten uns beeilen, und nur einer von uns konnte sich freinehmen und dorthin reisen, also machte Kaz für Samstag um 15:00 Uhr einen Termin für mich mit dem Makler aus. Ich buchte bei British Airlines einen Flug von Gatwick nach Montpellier, bei dem auch eine Nacht in einem »Schrotthotel« inbegriffen war, von denen es überall auf der Welt eine ganze Reihe gibt.

Sie werden mir sicher zustimmen, dass es ziemlich verrückt ist, nur eine Hälfte eines Ehepaars loszuschicken, um ein Haus zu besichtigen.

***

Ich landete pünktlich am Samstagmorgen, mietete ein Auto und zockelte auf der Autobahn durch Béziers, an Murviel vorbei und schließlich nach Pézenas, wo ich den Wagen abstellte. Anhand der Bilder bahnte ich mir einen Weg durch die schmalen Gassen und trat schlussendlich durch einen Bogen neben der Kirche, wo ich die Fotos mit dem verglich, was ich vor mir sah.

Mist, dachte ich, als ich vor dem Haus auf dem wunderbaren Kirchplatz stand. Das wird nichts. Zu klein. Aber das Dorf gefällt mir, mit den Bergen und der Ebene zum Meer hinunter. Na ja. Ich setzte mich wieder ins Auto und rief Kaz an. »Das wird nichts, ist ein altes Haus, passt einfach nicht. Ich treffe mich heute Nachmittag trotzdem mit Charles und schaue es mir an, wo ich schon mal hier bin.«

Ich ging zu Fuß ins Nachbardorf Cessenon und fand ein Restaurant namens Le Helder, wo ich mir das Gericht des Tages – Steak und Pommes frites – mit einem Glas von einem bitteren, aber angenehm schmeckenden lokalen Weißwein bestellte. Picpoul stand auf der Karte, und ich nickte dem Kellner anerkennend zu. Dann traf ich mich in Saint-Geniès mit Charles, stieg zu ihm ins Auto, und gemeinsam fuhren wir wieder in das Dorf. Ich sagte ihm nicht, dass ich schon dort gewesen war. Das war ein guter Zug. Nachdem wir geparkt hatten, führte er mich zu dem Haus, das direkt neben dem lag, das ich mir heute Morgen angeschaut hatte.

Ich bin aber auch ein Esel. Ich hatte das falsche Haus auf dem Bild ins Auge gefasst.

Charles zog einen riesigen Eisenschlüssel aus der Tasche, der dem wohl nicht unähnlich war, mit dem Renfield den Keller seines Meisters aufschloss. Er ging auf eine gusseiserne Tür zu. Nachdem er einige Minuten daran herumgedoktert hatte, schwang sie nach innen auf, und ein Schwall kalter, abgestandener Luft ergoss sich aus der Dunkelheit ins Sonnenlicht. Charles war nicht beeindruckt.

»Das ist keine gute Idee.«

Ich sagte nichts. Wir traten ein, stiegen vier oder fünf Steinstufen hoch und gingen nach links in den ersten Raum. Er war stockfinster. Wir stolperten auf einen Streifen Licht zu, der durch eine gesprungene Fensterscheibe und eine gebrochene Lamelle der Fensterläden hereinfiel. Wir tasteten in der Dunkelheit umher, und Charles brummte, dass es hier irgendwo auch einen Sicherungskasten geben müsse. Irgendwann fanden wir einen Hebel, der aus Frankensteins Schloss hätte sein können. Charles beschloss, sein Glück zu versuchen, und drückte ihn mit vollem Körpereinsatz nach unten. Anstatt mit einem leisen Klick wurde der Schalter mit einem dumpfen Klong umgelegt, und mit einem Flackern erwachte eine zaghafte Neonröhre zum Leben.

***

Die Neonröhre warf ein Licht, wie man es aus Woodfall-Filmen kennt. Die zerbrochene Fensterscheibe war offensichtlich schon länger kaputt und hatte Regen und Wind hereingelassen. Auf dem Fenstersims lag eine mumifizierte Schwalbe, die zwar herein-, dann aber nicht wieder hinausgefunden hatte. Der Boden war mit schmuddeligem Linoleum ausgekleidet, die Wände hatte man eierschalenfarben gestrichen, die Farbe war abgeplatzt, die Wände darunter rissig. In einer Ecke stand ein alter, gesprungener Spülstein. Die Wasserversorgung lief über ein gut sichtbar an der Decke angebrachtes Rohr. Zur Linken war ein schwarzer Marmorkamin verbaut, daneben ein alter Herd, der Wände und Boden schwarz gefärbt hatte. Ein Ofenrohr in der Farbe alten Leders führte die Wand hinauf und in die Dunkelheit.

Charles öffnete ein Fenster, und Tageslicht flutete herein. Er ging auf die andere Seite des Raumes, wo er unter großem Quietschen und Zerren ein weiteres aufstemmte, sodass die verfaulenden Fensterläden gegen die Wand schlugen. Der Ausblick ging auf den gotischen Torbogen der Kirche hinaus, die zehn Meter entfernt lag. Ich trat auf die erste Tür zu, öffnete sie und stand in der Sattelkammer aus *Tess von den d'Urbervilles*. Überall fanden sich die Spuren von vergangenem Leben. Schwarze Sättel hingen an dicken schwarzen Nägeln, die in den rissigen Kalksteinwänden steckten, alte Angeln lehnten in den Ecken, überall stapelten sich Töpfe, verdorrte Hopfenpflanzen und getrockneter Weinrebenschnitt, alles alt, uralt. Auf dem Boden standen Gläser in allen erdenklichen Größen, sämtlich leer. Ich schob mich Richtung Fenster und öffnete es. Warme Luft strömte herein. Auf der anderen Seite des Platzes hielt ein Mann überrascht inne. Ich drehte mich um und blickte nach oben. Ein altes Wespennest, braun und papieren, hing lose an einem der Deckenbalken. Die verschiedenen Schichten des Bauwerks bröselten ab, und ein karamellfarbener, pergamentartiger Staub war pudrig auf den Boden gerieselt und bedeckte dort die Kuhlen und Risse, die unzählige Schritte über Hunderte von Jahren in den Stein gelaufen hatten. Vor mir lag die zufällige Ansammlung von diesem und jenem, und all diese Dinge waren so wertvoll, denn sie erzählten so detailliert von den Menschen, die hier gelebt hatten, als hätte ich das Grab eines Königs betreten.

Charles kam zu mir. »Was für ein Albtraum«, sagte er. »Gehen wir, es gibt da noch ein paar andere Häuser die Straße runter, die wir besichtigen können.«

»Nein, ich möchte mich gerne umsehen.«

Er zuckte die Achseln.

Ich ging zurück ins Hauptzimmer. Auf der gegenüberliegenden Seite befand sich eine Flügeltür. Ich ging hinüber und öffnete sie. In der Dunkelheit konnte ich eine rote Tapete ausmachen, einen schwarzen Marmorkamin, deckenhohe Fenster links von mir und auf dem Boden abgenutzte und schmutzige Languedoc-Fliesen in Rot-Weiß, die Hunderte von Jahren alt waren. Der Stuck und die Deckenrose waren einst opulent gewesen, doch Schicht um Schicht weißer Farbe ließ sie aussehen, als wären sie aus einem Spritzbeutel gepresst worden.

Im Raum nebenan bot sich dasselbe Bild. Die Steinfliesen – *tommettes* – waren so alt, dass sie auseinanderfielen, und die Holzplanken der Treppe waren abgenutzt und wurmstichig. Ich zog eine große Eichenholztür auf und entdeckte dahinter eine Wendeltreppe, die sich hochschraubte. Vorsichtig begann ich meinen Aufstieg, versuchte dabei herabgefallenem Putz aus dem

Weg zu gehen, und kam an einem Fenster vorbei, das mit einem Plastiksack, in dem sich einst Dünger befunden hatte, abgedichtet worden war. Ich wandte mich nach links, wo ich einen Raum vorfand, der dem von unten identisch war – bis auf die Tatsache, dass hier haufenweise alte Möbel seit Jahren eine dichte, schwarze Staubschicht ansammelten.

Wieder auf den Flur und wieder nach links. Wir öffneten die Fensterläden und sahen, dass wir uns in einem Schlafzimmer befanden, das völlig aus der Zeit gefallen zu sein schien. »Das muss das Schlafzimmer der alten Dame gewesen sein«, sagte Charles.

»Alte Dame?«

»Ja, das Haus hat 'ner alten Dame gehört, die vor zehn Jahren gestorben ist. Sohn und Enkel verkaufen das Haus. Es ist seit mehreren hundert Jahren in Besitz der Familie Petit, wenn ich mich nicht irre. Sie leben immer noch im Dorf. Haben ein paar Weinberge. Die alte Dame war um die neunzig.«

In der Mitte des Raumes stand ein riesiges Mahagonibett aus dem 19. Jahrhundert, mit geschnitzten Säulen und gedrehtem Holz. Ein stabileres Bett gab es schlicht nicht. Es war ordentlich gemacht, die Kissen aufgeschüttelt, mit einer Tagesdecke auf der Matratze – und wie alles andere im Zimmer war auch das Bett von einer Schicht grobkörnigem, schwarzem Staub bedeckt. Auf dem Kaminsims aus Obsidian standen etwas Nippes und zwei Schwarz-Weiß-Aufnahmen. Das eine Foto zeigte zwei Menschen, der Kleidung nach zu urteilen war es in den frühen Zwanzigerjahren aufgenommen worden. Ein gut aussehender Mann stand neben einer hübschen Frau. Sie trug ein langes, dunkles Kleid, ihren Kopf bedeckte eine Haube; er hatte einen eng sitzenden, perfekt geschnittenen Anzug an, auf seinen Haaren thronte ein Zylinder. Auf dem zweiten Bild, das genauso gut in Sussex oder Maine hätte gemacht worden sein können, sah man einen eselsgezogenen Karren. An den Wänden hingen große, eingerahmte Bilder im Stil von Delacroix' »Die

Freiheit führt das Volk«. Hinter der nächsten Tür verbarg sich ein Ankleidezimmer. In der Mitte des Raumes stand eine voll behangene Kleiderstange, und auch auf dem Boden stapelten sich die Kleider. Als ich eines davon am Saum berührte, zerfiel es in meiner Hand. Auch das nächste, das ich antippte, zerbröselte zu Staub.

Wir gingen die baufällige Treppe hinauf, an einem weiteren Fenster vorbei, und oben angekommen standen wir in einem *pigeonnier*. Der Boden war verfault und der Kalkstein gelblich geworden. Über mir erblickte ich die Dachpfannen, zwei unverglaste Fenster und mehrere kleine Löcher, durch die die Vögel kommen und gehen konnten, wie es ihnen passte. Der Taubenschlag war zwar seit Jahrzehnten unbenutzt, doch der Geruch nach Vogelmist hielt sich beharrlich.

Wir nahmen die zwei Stufen hinunter ins Haupttreppenhaus, stiegen dann weiter nach oben und gelangten auf den Boden. Das Dach wurde von mächtigen Balken gehalten, und in die Ziegel waren sechs oder sieben Fenster eingelassen. Der Boden war mit einer dichten Schicht süßlich riechendem Heu ausgelegt. Durch eine kleine Tür kam man in einen weiteren Raum. Das Dach fiel zur gegenüberliegenden Seite ab, und in der Wand befand sich eine Tür mit Winde, an der das getrocknete Gras nach oben gezogen wurde. Die beiden Räume waren so lang wie das Gebäude selbst, von einem Ende zum anderen fünfundzwanzig Meter.

»Hat man hier oben Vieh gehalten?«, fragte ich Charles.

»Weiß nicht«, sagte er und schob mit dem Fuß etwas Heu durch die Gegend. »Willst du den *cave* sehen?«

»*Cave?*«

»Den Keller.«

»Es gibt auch noch einen Keller?«

»Hat man mir zumindest gesagt.«

Wir machten uns auf den Weg nach unten und traten durch die Eingangstür ins Freie, durch den Steinbogen, der den Kirchplatz mit der größeren Place Jules Milhau verbindet, und begaben uns zu einer uralten Holztür. Die Steinwand, in die sie eingelassen war, war so alt und verwittert, dass es aussah, als wäre sie geschmolzen. Wir drückten und zerrten, bis die Tür aufging, und traten ein. Es dauerte einen Augenblick, bis sich unsere Augen an das Dunkel gewöhnt hatten. Langsam zeigte sich die Größe der Höhle. Ein Gewölbedach, Steinschlitze in den meterdicken Wänden, zwei große Weinbottiche, Steintröge auf der anderen Seite des Raumes, die aussahen, als wären sie direkt aus dem Fels geschlagen worden. Gespannt setzte ich mich in Bewegung und sah, dass sie immer noch voller Heu waren. Ich blickte zur Decke. Über mir befand sich ein »Schornstein«, der direkt zum Dachboden führte.

»Also haben sie das Heu unter dem Dach getrocknet, wo es nebenbei auch noch die Wärme gespeichert hat. Dann haben sie es durch das Loch runterfallen lassen, damit die Tiere hier unten es fressen konnten.«

»*Grenier.*«

»Wie bitte?«

»*Grenier.* Der Dachboden heißt »*grenier.*«

»Charles, dieses Haus ist einfach toll, brillant, fabelhaft. Es ist ganz wunderbar.«

»Es ist verdammt noch mal verfallen. Dein schlimmster Albtraum. Komm, wir schauen uns einige der Häuser an, die ich noch in der Hinterhand habe. Alle renoviert und bewohnt. Die werden dir gefallen. Hier schließen wir ab und vergessen es. Das Haus ist ein Fass ohne Boden.«

»Wie viel Geld wollen sie dafür haben?«

»100 000 Euro.[3] Na also, das war's, oder? Jetzt kommst du wieder zu Sinnen?«

»Kann ich ihnen auch ein Angebot machen?«

---

[3] Damals lag der Kurs von Euro zu Pfund Sterling bei 1,15.

»Welches denn? Sollen sie dir 100 000 Euro geben, damit du es ihnen abnimmst?«
»Nein, ich meine es ernst.«
»Keine Ahnung. Hör mal, du brauchst einen Drink. Gehen wir in die Bar und ich bringe dir Vernunft bei.«

***

Zwei Stunden später waren wir wieder in der Bar in Saint-Geniès. Charles wollte Bier bestellen und war besser drauf, als ich ihn je erlebt hatte: Er kam in weniger als zehn Minuten zurück und stellte die Getränke beherzt auf den Tisch. »Wie schon gesagt, ihr müsstet völlig verrückt sein«, sagte er. Ich war so aufgeregt, dass ich kaum einen klaren Gedanken fassen konnte. Ich hatte bestimmt seit einer Stunde nicht mehr gesprochen. Ich nahm einen Schluck. Sie haben hier nur Bier vom Fass in diesen winzigen 250-Milliliter-Gläsern, die sehr schnell leer sind, wenn man englische Pints gewöhnt ist.

»Hör mal, wir haben da noch ein paar andere Häuser, die ich dir heute Nachmittag zeigen könnte. Ihr müsstet echt verrückt sein«, hörte ich Charles abermals sagen, diesmal klang es dumpf, als würde er irgendwo im Hintergrund sein. Die Franzosen sagen dazu »Le coup de foudre«.

Ich trank mein Bier aus.
»Würden sie 80 000 Euro akzeptieren?«
»Lass mich da raus. Du willst eine Midlife-Crisis haben? Schön, das ist deine Sache.«
»Im Ernst. Wie viel?«
»Okay, im Ernst. Sie werden ihren Preis durchsetzen wollen.«
»Warum?«
»Weil irgendein Verrückter bereit sein wird, den zu zahlen.«
»Biete ihnen 80 000.«
»Okay.«

Er rief an.
»Sie sagen, sie wollen ihren Preis durchsetzen.«

***

Den Großteil des Abends brachten wir mit Poolbillardspielen zu. Ich konnte mich nicht konzentrieren, also zog Charles mich nach Strich und Faden ab. Wäre ich bei der Sache gewesen, hätte ich problemlos gewonnen. Ich fuhr zurück zum Schrotthotel in Montpellier, rief Kaz an und schilderte ihr die Ereignisse des Tages.
»Also sind 80 000 auf keinen Fall drin?«
»Nein. Lass uns noch mal drüber reden, wenn ich heimkomme.«
Ich aß in einem kleinen Restaurant in der Nähe der Universität zu Abend, schlief schlecht und kam am nächsten Abend fix und fertig zu Hause an. Wir sprachen über das Haus, und Kaz sagte, ich solle tun, was ich für richtig hielte. Sie hatte es nicht gesehen. Die Entscheidung lag bei mir.

5

ES GEHÖRT EUCH ... IRGENDWIE

**Ed Victor – Dörfer – Dinge, die man wissen sollte –
Dinge, die man tun sollte – Bar-Etikette – Brot**

Ich rollte gerade ein Paar Agent-Provocateur-Socken meine Beine hoch, als Ed Victor anrief.
»Trevor...? Ed hier. Es gibt Neuigkeiten. Paul McGuinness und die anderen wollen, dass du ihr Buch veröffentlichst. Glückwunsch.« Bei seinen Worten rutschte mir vor Schreck der Lippenstift aus und hinterließ eine rote Spur auf meiner Wange.
»Das ist ja toll, Ed. Du hast mich in meinen roten Netzstrümpfen und pinken High Heels erwischt.«[4]
Einen Moment lang herrscht Schweigen, doch dann sagte Mr Ed Victor, der den drittwichtigsten Orden des British Empire verliehen bekommen hatte, seit vierzig Jahren Doyen der Londoner

---

[4] Fürs Protokoll: Ich bereitete mich gerade auf eine Probe der Publisher's Pantomime vor, einer Theatergruppe, die Spenden sammelte und bis 2006 alle drei Jahre auftrat. Ich spielte die stellvertretende Schulsprecherin in einer chaotischen, von Ronald Searle empfohlenen St.-Trinians-Parodie mit dem Titel »Quid Quid Ipsum Vendit« (oder auch: »Was immer sich verkauft«). Ich muss bescheiden festhalten, dass ich einfach umwerfend aussah.

und New Yorker Literaturszene ist, der der Über-Agent eines schillernden Pantheons von Musikern, Autoren, Journalisten, Politikern, Gastronomen und Schauspielern war (Mel Brooks, Andrew Marr, John Banville, Nigella Lawson, Iris Murdoch, Freddy Forsyth, Tina Brown, Alastair Campbell, Kathy Lette, Eric Clapton, Keith Richards, Douglas Adams, Will Self, Erica Jong), der Mann, dessen Name als Synonym für die Worte »Glamour« und »Star-Dasein« im Wörterbuch stand, der mit nur einem Namen und einer Idee in einen Raum voller Verleger hinein- und mit einem Scheck über fünf Millionen US-Dollar wieder herausmarschieren konnte – dieser Mann sagte: »Strümpfe, ja? Strumpfhosen mag ich nämlich nicht.«

Zu diesem Zeitpunkt hatte ich seit fünfzehn Jahren mal mehr, mal weniger mit Ed zu tun. Er war die Sonne, um die sich in der Verlagswelt alles drehte, und ich war ein kleiner, im Möchtegern-Gürtel heruntrudelnder Asteroid. Ed Victor war schlauer als ich, hatte mehr Stil und bessere Verbindungen als ich, war um mehrere Millionen reicher als ich, war witziger und wortgewandter als ich, bedeutend größer als ich, dünner und sportlicher als ich, und das, obwohl er beinahe zwanzig Jahre älter war. Als ich ihn kennenlernte, erfuhr ich auch, dass nichts davon wirklich von Bedeutung war. Er behandelte alle, die er mochte, gleich. Egal ob die Person Rockstar, ein Mitglied der königlichen Familie oder ein niederer Verleger war. Er war allen gegenüber freundlich und respektvoll. Höflich, direkt und stets ehrlich. Nicht nur bei denen, die ihm nützlich sein könnten.

Einmal war ich unter unschönen Umständen gefeuert worden, mein Selbstbewusstsein war dahin, und um dem Ganzen die Krone aufzusetzen, musste ich auch noch ins Krankenhaus. Ed hörte davon und rief mich an.

»Trevor...? Ed hier. Ich habe nächste Woche Dienstag einen Tisch im Ivy reserviert. Um dreizehn Uhr, ja?«

Ich war niedergeschmettert.

»Danke, Ed, das ist nett von dir, aber ich bin gerade operiert worden und muss mich schonen.«

»Schon dich im Ivy.«

Ich kam und wurde humpelnd zu den Banketttischen im hinteren Teil des Restaurants geführt – damit man alle Gäste überblicken konnte. Als Ed kam, übernahm er den Großteil der Konversation. Er sprach über seine Arbeit und über Menschen, die er getroffen hatte.

Er erzählte mir etwas über Beharrlichkeit, davon, wieder aufs Pferd zu steigen, über Lektionen und Rückschläge und der Abwägung zwischen dem, was man selbst für richtig hält, und dem Gruppenzwang. »Außenseiter haben mehr Spaß«, sagte er. Das gefiel mir.

Wir saßen den ganzen Nachmittag dort, er lächelte, ich kicherte und durfte ihn etwas aufziehen. Ich sagte, er müsse doch bestimmt weiter und ich nähme zu viel seiner Zeit in Anspruch. Er wischte meine Einwände beiseite. Um vier erklärte ich, dass das Essen auf mich ginge. »Ich möchte mich für deine Freundlichkeit revanchieren.« Er legte eine Hand auf den Tisch.

»Trevor … das kommt gar nicht infrage. Ich zahle, und dafür musst du mir eine Sache versprechen.« Er sah mich an. »Du darfst kein Agent werden. Ich brauche Leute, denen ich die Manuskripte verkaufen kann.« Das sagte er oft, aber ich fühlte mich geschmeichelt, mein Selbstbewusstsein war wiederaufgebaut, wie er es geplant hatte, und fast wäre ich aus dem Restaurant gehüpft. Das Einzige, was Ed nicht konnte, war einen Leistenbruch ungeschehen machen.

***

Am Montag, nachdem ich das Haus an der Place de l'Église Nr. 1 besichtigt hatte, hatte ich eine von langer Hand geplante Verabredung zum Mittagessen mit Ed. Wir trafen uns, und ich erzählte ihm die Geschichte.

»Trevor, kannst du dir das leisten?«, fragte er.
»Also, eigentlich nicht, wir haben uns das Geld geliehen.«
»Wird der Wert denn steigen, auch wenn ihr es nicht renoviert?«
»Nein, der Wert wird vermutlich so oder so sinken.«
»Hast du dich in das Haus verliebt?«
»Ja.«
»Dann kauf es. Das Leben ist zu kurz. Ruf die Leute an, und während du dich um das Haus kümmerst, kümmere ich mich um das Mittagessen.« Ich kenne nur wenige Menschen, denen ein abgeschlossenes Geschäft mehr Freude bereitet als Ed.

Wenige Minuten später war alles geregelt. Ich legte auf und verkündete Ed triumphierend, dass alles in trockenen Tüchern sei. Er bestellte Champagner, und wir prosteten uns zu. »Herzlichen Glückwunsch! Auf euer neues Abenteuer und meinen kostenlosen Jahresurlaub in Südfrankreich, den ich mir durch meine tragende Rolle bei diesem Deal verdient habe. *Santé!*«

Ich rief Kaz an, die ebenfalls erfreut war, und Ed und ich hauten ordentlich rein, während er mir erzählte, dass er vor einem halben Jahrhundert mal in Loupian gewohnt habe, was, wie mir aufging, nur wenige Kilometer von meinem neu erworbenen Haus lag. Das war in den später Sechzigern oder frühen Siebzigern gewesen, und seine Frau Carol und er waren einige Monate lang herumgezogen, um herauszufinden, was sie mit ihrem Leben anfangen wollten. »Es wird euch dort gut gehen«, sagte er. »Loupian steht für eine Zeit in meinem Leben, zu der die Sonne schien und das Geld keinen Wert hatte. Wir ernährten uns von Wein *en vrac* und billigen Austern aus Bouzigues, das ganz in der Nähe liegt. Wenn ein klappriger Citroën durch das Dorf fuhr, kamen alle heraus, um ihn zu bewundern. Einige Kilometer entfernt – wo jetzt die D613 von Béziers nach Montpellier eine Schneise durch die Weinberge pflügt und Lkws und BMWs an der Küste entlangbrettern – verlief die Hauptstraße, die damals eine Staubpiste für Pferde und Kutschen war.«

Aus dieser Zeit gibt es auch eine Schwarz-Weiß-Fotografie von Ed und seiner Frau Carol. Ed trägt einen Bart, hat eine verwuschelte Frisur, ist bekleidet mit einem Musselin-Hemd und einer Schlaghose. Carol steht lächelnd vor einem hell erleuchteten Fenster an seiner Seite. Sie sehen zufrieden und glücklich aus.

***

Etwa einen Monat später flogen Kaz und ich nach Montpellier, mieteten ein Auto und fuhren in bester Formel-1-Manier zum *notaire* in Autignac, einem Dorf in der Nähe, um die Verträge zu unterschreiben. Danach schnappten wir uns die Renfield-Schlüssel und fuhren voller Vorfreude nach Causses.

2004 hatte sich im Dorf im Vergleich zu den letzten hundert Jahren noch nicht viel verändert. Die Place Jules Milhau war noch nicht mit neuem Pflaster und Gullideckeln aufgemöbelt worden. Die Place du Marché war noch die Place du Marché und nicht die Place de la Pompe Neuve. Dido führte die Bar, Marie-Claire wohnte nebenan. Viele der mittelalterlichen Häuser im Zentrum der kleinen *circulade* waren baufällig – für unseres gilt das immer noch, wir mögen den Charme der alten Welt. Die Weinkellerei Maurine Cave befand sich noch in dem alten Gebäude an der Rue des Forges, nicht in dem neuen Victor-Hugo-Ausstellungsgebäude, das von einem Architekten entworfen wurde. Es dauerte etwa fünf Jahre, dann verkaufte der Besitzer Sébastian Collot die Weinkellerei. Im Dorf gab es ein paar Engländer, größtenteils Rentnerehepaare. Ich erinnere mich nicht daran, dass sie Ferienhäuser gehabt hätten. Doch sechs Monate nachdem wir das Haus an der Place de l'Église gekauft hatten, schien besonders unter Interessenten aus Schweden eine regelrechte, von unserem fortschrittlichen *immobilier* Freddy ausgelöste Manie loszubrechen. Er hatte in einigen Malmöer Zeitungen Werbung veröffentlicht, nachdem Anfragen aus der Stadt und ihrer Umgebung bei ihm eingegangen waren. Im Laufe der Jahre entwickelte sich eine richtige schwedische Exklave im Dorf, dazu gehörten auch Hans und Lotten gegenüber von uns, Bengt und Nette, Sandra und Aje. Jedes Jahr organisieren die Schweden eine Messe in der Kirche Sainte-Marie du Pin in Vieussan oben in den Bergen. Einmal waren wir auch eingeladen. Es müssen etwa siebzig oder achtzig Leute da gewesen sein. Wir waren die einzigen Engländer. Eine ziemlich große Ehre.

Zu der Zeit kam man sowohl in den oberen als auch in den unteren Teil des Dorfes über eine Straße. Jetzt, dank der Euro-Millionen (ich meine nicht die Lotterie, sondern die Zuschüsse, die Brüssel für nutzlose Infrastruktur verteilt und mit denen die Einwohner umgehen, als wäre es ein Lotteriegewinn), gibt es Verkehrsinseln wie in Saint-Tropez, Picknick-Wiesen mit Tannen und einen schicken Parkplatz für diejenigen, die sich auf den 14,5 Kilometer langen Wanderweg in die Weinberge wagen. Man erzählte mir, dass der Bürgermeister bei der nächsten Neujahrsfeier stolz die Fertigstellung der Bauarbeiten verkünden würde. Es gab viel Applaus. Es existiere jedoch ein kleines Problem. Die Haltebuchten für die Touristenbusse seien etwas zu schmal geworden, sodass die Busse nicht hinein- oder hinauskämen. Der Jubel soll ohrenbetäubend gewesen sein.

***

Es war schwer herauszufinden, was die Einwohner von uns Eindringlingen hielten. Sie hatten bisher keinerlei Erfahrungen mit Zugezogenen gemacht. Einige grummelten bestimmt hinter vorgehaltener Hand etwas von den »Parisern«. Daran, wie das Dorf geführt wird, hat sich bis heute nichts geändert. Wie in Dörfern überall auf der Welt haben die Familien das Sagen, die seit Generationen darin leben. Die, die neu dazukommen, müssen lernen, wo sie hingehören. Berichtet wird die wunderbare Geschichte von Maurice, dem Hahn auf der Île d'Oléron nördlich von Bordeaux, dessen Besitzerin von einem frischgebackenen Ferienhauseigentümer verklagt wurde, weil er morgens zu laut krähte. Die Besitzerin, Madame Fesseau, die seit fünfunddreißig Jahren auf der Insel lebte, war eine Kellnerin im Ruhestand und arbeitete inzwischen als Sängerin. »Ein Hahn muss sich Ausdruck verschaffen«, sagte sie dazu. Christophe Sueur, der Bürgermeister des Dorfes, nahm die Angelegenheit sehr ernst: »Wir haben französische Werte und Traditionen, die wir verteidigen müssen. Dazu zählt auch das Halten von Nutztieren. Wenn Sie nach Oléron kommen, müssen Sie damit leben. Das ist ja wohl die Höhe der Intoleranz – man muss doch örtliche Traditionen akzeptieren.« Maurice gewann und war natürlich ganz aus dem Häuschen. Und dann gibt es da noch die Geschichte der Urlauberin, die ins Büro des Bürgermeisters stürmte und diesem sagte, er solle die Kirchenglocken nachts abstellen, weil sie davon wach würde. Von solchen Geschichten gibt es jede Menge.[5]

***

Mitte der Siebzigerjahre zogen meine Eltern in ein kleines Dorf in Derbyshire. So ziemlich alles Land dort im Umkreis gehörte drei Bauernfamilien. Die Familienoberhäupter hatten ihre eigenen Zinnkrüge hinter dem Tresen des örtlichen Pubs und machten ihre Geschäfte vor den lodernden Kaminfeuern in den Hinterzimmern. Der halbe Dorffriedhof war voll von ihren Verwandten,

---

5 Im Januar 2021 wurde ein »Gesetz zum Kulturgut der Sinne« erlassen. Wenn Maurice Sie jetzt während Ihrer *vacances* wachkräht, haben Sie eben Pech gehabt. Das Gesetz umfasst auch zwitschernde Vögel, läutende Kirchenglocken und das intensive Parfum des örtlichen Viehstalls. Ich liebe die Franzosen verdammt noch mal sehr.

von denen einige vor 300 Jahren gestorben waren. Diese Familien saßen seit Generationen im Gemeinderat und gaben einander die Erlaubnis für absolut alles. Wenn Sie je *Poldark* von Winston Graham gelesen oder die dazugehörige Serie geschaut haben, verstehen Sie schon, was ich meine. Hier lief alles nach dem Prinzip: »Mein Ur-Ur-Großvater hat deinem Ur-Ur-Großvater den Rücken gekratzt.« Wenn dein Ur-Ur-Großvater aber niemandem hier den Rücken gekratzt hat, dann schließt du auch keine Geschäfte vor einem lodernden Feuer ab, mein Freund. Nach einer Gemeinderatssitzung hatte man plötzlich die Erlaubnis für ein »Hofgebäude« inmitten eines Feldes oder oben auf einem Hügel, von dem die »Kühe« rein zufällig eine wunderbare Aussicht auf die umliegenden Felder hatten. Dieses »Hofgebäude«, das für einen Bruder oder einen Vater im Rentenalter erbaut wurde, sah einem Bungalow mit Doppelgarage, Garten, Gemüsebeet und Swimmingpool sehr ähnlich.

Als meine Eltern ins Dorf kamen, war die Gemeindehalle abbruchreif, von Schwammbefall geplagt und das Dach mit gepresstem Asbest gedeckt. Niemand nutzte sie, und sie fiel langsam in sich zusammen. Doch langsam taten sich ein paar Menschen zusammen und wollten versuchen, sie zu renovieren. Mein Vater wurde der Schatzmeister – zumindest glaube ich, dass er diesen Titel hatte. Jedenfalls hatte er alle Hände voll damit zu tun, Geld und Materialien zu beschaffen. Es dauerte drei oder vier Jahre, und für so eine kleine Gemeinde war das ein großes Unterfangen. Aber die Renovierung war ein voller Erfolg. Selbst ungefähr vierzig Jahre später war das Gemeindezentrum immer noch das Herz des Dorfes. Dem Komitee wurde außerordentlicher Dank zuteil, und alle wandten sich wieder anderen Dingen zu. Kurze Zeit später wurde mein Vater von einem der Neuzugänge (also jemandem, der erst seit ein paar Jahrzehnten im Dorf lebte) gefragt, ob er Mitglied des Gemeinderats werden wolle. Ihm war es eigentlich nicht so wichtig, aber er stimmte zu. Es wurde eine Sitzung abgehalten, sein Name fiel, und von »den Familien« war nur Spott zu hören. Ein Neuling? Im Gemeinderat? Lachhaft. Komm in hundert Jahren noch mal wieder, wenn du dir das Recht verdient hast. Doch die Dinge sollten sich ändern. Nicht lange und die Bezirksregierungen sahen sich die Arbeit der Gemeinderäte im ganzen Land genauer an.

***

Nachfolgend gebe ich Ihnen einige Tipps, wie Sie sich am besten verhalten, wenn Sie neu sind in einem französischen Dorf. Zunächst sollten Sie sich nach draußen wagen und allem, was sich bewegt, fröhlich *Bonjour* zurufen. Aber lassen Sie sich nicht dazu hinreißen anzuhalten, wenn Ihr Lächeln erwidert und Ihnen *Bonjour, Messieurs-dames* gesagt wird. Zu diesem Zeitpunkt reicht ein *Bonjour* völlig aus. Sagen Sie nur dann noch mehr, wenn der *Bonjour*-Sager Sie dazu auffordert. In dem Fall beantworten Sie seine Fragen und machen sich dann – ohne den Eindruck der Eile zu erwecken – mit einem *Allez, bonne journée* oder, wenn Sie in Begleitung eines Menschen oder Hundes sind, einem *Allons-y* auf den Weg. Wagen Sie es nicht, selber Fragen zu stellen, die über »Wo bekommt man am besten…« hinausgehen. Kein »Wo wohnen Sie?«, kein »Wo ist das beste Restaurant?«. Das geht Sie für den Augenblick noch nichts an. Wenn Ihr Französisch so schlecht wie meines ist, wird man Ihnen Ihre Mühen anrechnen, aber übertreiben Sie es nicht. Hunde sind gut, um die sozialen Zahnräder zu ölen, aber vergessen Sie nicht, dass sie im ländlichen Frankreich keine Familienmitglieder sind, sondern Angestelltenstatus haben. Zeigen Sie Interesse, ohne jedoch zu anhänglich zu werden. Sonst werden Sie entweder vom Hund oder von seinem Besitzer gebissen.

Vor etwa einem Jahr sprachen wir mit einem unserer Langzeitnachbarn. Wir laufen uns über den Weg, anstatt uns zu verabreden – so funktioniert das hier. René spricht passables Englisch, doch natürlich unterhält man sich in einem französischen Dorf mit seinem Nachbarn in der Landessprache. Renés Sohn lebt in Texas, und seine Frau, Brigitte Thiltges, leitet ein fantastisches kleines Atelier namens Les Arts du Jardin, in dem sie Platzsets, Kerzenständer, Tischdekoration und Ähnliches aus Materialien fertigt, die man vor Ort finden kann. Wir kamen über jemanden ins Gespräch, der in ein Haus ganz in der Nähe gezogen war und groß angelegte Renovierungsarbeiten begonnen hatte, ohne mit einer Flasche guten lokalen Weins bei René anzuklopfen und sich für die Unannehmlichkeiten zu entschuldigen. Offenbar hatte der neue Nachbar einfach sein Zelt aufgeschlagen – mit Verlaub – und war zu Werke gegangen. Er hatte nicht einmal um Rat gebeten. In solchen Situationen ist es sehr wichtig, Rat einzuholen, auch wenn man ihn eigentlich gar nicht braucht. Ich warf ein, dass wir vermutlich in genau das gleiche Fettnäpfchen getappt seien. *Non!*, war die Antwort. Wir hätten uns Mühe gegeben. Er erinnerte sich an das erste Treffen mit uns, als wir noch völlig ahnungslos waren. Damals sei er beeindruckt gewesen, wie freundlich wir uns verhielten, obwohl wir außer *bonjour* und *oui* kaum etwas sagen konnten. Das war vor über zehn Jahren gewesen. Nie vergessen: Dorfbewohner vergessen nie.

Vor einigen Jahren brachen wir mit der örtlichen Walking-Gruppe zu einer Wanderung auf, die Michel Bonnafous organisiert hatte. John Andrews, der erste Vollzeit-*Britannique* im Dorf, hatte uns empfohlen. Da er zu diesem Zeitpunkt bereits einige Jahre hier lebte, war er sogar zum Ehren-Caussanais ernannt worden. Eine Empfehlung war damals nicht unbedingt notwendig, wurde jedoch als freundliche Geste gewertet. »Deine Freunde sind auch meine Freunde, John«, lautete die Devise. Es gab mehrere neue Gesichter im Dorf, die, wie sich herausstellte, zurückgekehrt waren, nachdem sie bei Airbus in Toulouse in den Ruhestand gegangen waren. Ein Kollege in voller Wandermontur war dreißig Jahre lang Ingenieur gewesen und um die Welt gereist. Er war genauso stolz darauf, für Airbus gearbeitet zu haben, wie er nun stolz darauf war, wieder zu seinen Wurzeln zurückzukehren. Bei unserer Unterhaltung wurde ich ausgefragt. Auf Französisch. Mein Hirn platzte fast bei dem Versuch, die richtigen Wörter zu finden und mit meinem dürftigen Vokabular auch nur die ungefähre Idee meiner Aussage rüberzubringen. Als wir wieder das Dorf erreichten, schaffte ich es, ihm von unserem *cave* zu erzählen – nach der Kirche der wohl älteste Ort im Dorf. Er hatte davon gehört, ihn jedoch noch nie mit eigenen Augen gesehen und interessierte sich sehr dafür. Also sperrte ich auf und leuchtete hinein, während ich versuchte, das Tonnendach zu beschreiben. Seine Augen strahlten, er schaltete seine eigene Taschenlampe ein, die an seinem Wanderstock befestigt war, und hielt mir dann in einem perfekten Englisch einen Vortrag über die Feinheiten mediterraner Architektur im Mittelalter.

***

Als Nächstes sollten Sie die Bar besuchen. Die wird Ihnen vielleicht nicht gefallen. Vielleicht mögen Sie Bars an sich nicht. Auch hier gilt: Folgen Sie der Etikette (Etikette: abgeleitet von dem französischen Wort für »Schildchen«, womit die Karten gemeint waren, die vorschrieben, wie man sich am französischen Hof zu verhalten hatte). Seien Sie so freundlich wie nur möglich zum Besitzer und zum Barmann. Mein Kumpel aus dem Le Helder in Cessenon ist schon mindestens so lange hier wie wir. Ich habe beobachtet, wie er von einem vitalen Jungspund zu einem vitalen Mann im besten Alter wurde. Wir verstehen uns gut, weil ich ihn immer bitte, mein Französisch zu verbessern. Ich nenne ihn den Professor. Er übt gerne Englisch, und ich bringe ihm Schimpfwörter bei. Die perfekte Symbiose.

Achten Sie in der Bar auf die Ortsansässigen. Die werden ihre Stammplätze haben. Sie haben regelmäßige Besuchszeiten und trinken Pastis 51, Ricard oder Pernod. Ich weiß, dass das ein Klischee ist, aber es stimmt. Die Jüngeren trinken vielleicht *une bière pression* – ein Bier vom Fass –, das sie als *un demi* bestellen. Sagen Sie ruhig *Bonjour* und lächeln Sie. Vermutlich werden Sie alle ignorieren. Das ist schon in Ordnung. Immer weiter lächeln. Versuchen Sie nicht, ihnen eine Runde auszugeben, um sich beliebt zu machen. Sie werden nur zu gerne annehmen, doch damit gelten Sie für alle Zeit als protzig und aufdringlich. Sagen Sie *Bonjour*. Bestellen Sie und verhalten Sie sich ruhig. Sprechen Sie nicht zu laut. Nicken Sie, wenn jemand in Ihre Richtung blickt. Wenn Sie neben jemandem an der Bar sitzen und diese Person das Gespräch anfängt, ist alles in Ordnung. Entschuldigen Sie sich, wenn es mit Ihrem Französisch nicht weit her ist. Weisen Sie darauf hin, dass Sie die Sprache noch lernen und verbessert werden möchten. Das mögen die Einheimischen. Dann sind sie in der Machtposition. Es ist immer sinnvoll, sich den örtlichen Dialekt anzueignen. Im Languedoc spricht man einen ziemlich breiten Dialekt, wie die Geordie- oder Brummie-Dialekte in Nordengland. Sie hängen mit Vorliebe ein »uh« an die Worte an – beispielsweise *baguette-uh*, *bière-uh* –, und sie sagen nicht *oui*, sie sagen *uäh*. Solch subtile Nuancen können einen großen Unterschied machen.

Gehen Sie zur Bäckerei oder dem *dépôt de pain*. Jedes Dorf und jede Stadt hat mindestens eine *boulangerie*. Ist das Dorf zu weit ab vom Schuss oder zu klein für eine Bäckerei, gibt es im Umfeld mit Sicherheit eine Möglichkeit, sich jeden Tag Teig zum Selberbacken oder frisches Brot zu beschaffen, egal wie abgelegen der Ort auch sein mag. So ist das Gesetz. Brot ist in Frankreich eine ernste Angelegenheit. Bei der Französischen Revolution ging es um Getreide – oder vielmehr darum, dass es zu wenig davon gab, um Brot backen zu können. Um 1780 bestand die Ernährung eines Franzosen auf dem Lande zu 80 Prozent aus Brot. Neben Geldausgeben und Vögeln war die wichtigste Aufgabe der Monarchie, dafür zu sorgen, dass das Volk genug Getreide hatte. Deshalb wurde der König auch *le premier boulanger du royaume*, der oberste Bäcker des Königreichs genannt. Vor der Revolution, als die Situation sich langsam verschlechterte, wurde bekannt gegeben, dass der König Maslin-Brot aß – das Brot der Bauern –, anstatt das Manchet-Brot seiner Klasse. So hoffte er, sich beim Volk beliebter zu machen. Um die Bourgeoisie zum Aufstand zu bewegen, beschlossen die Revolutionäre, dass sie alles in ihrer Macht Stehende tun müssten, um eine Brotknappheit herbeizuführen. Sie behinderten Getreidelieferungen und schoben es dem König in die Schuhe. Das funktionierte ziemlich gut.

Noch im Jahr 1993 wurde ein »Décret de Pain« verabschiedet, in dem die Zutaten jedes Brotes, das zum Verkauf angeboten wird, bis ins kleinste Detail festgelegt sind. Brot und Wein sind natürlich höchst symbolisch: Je mehr Sie über die unterschiedlichen Sorten und ihre Beschaffenheit wissen sowie entsprechende Rezepte kennen, desto besser werden Sie die Franzosen verstehen und desto besser werden Sie in der Bar ankommen.

6

ROADTRIP

**Ein Van voller Möbel – Ein eingerissenes Dach –
Die Vorteile einer Klimaanlage – Hunde und andere Nationalitäten –
Umzugshelfer – Stierkämpfe**

George und ich hatten zehn Stunden gebraucht, um in einem möbelbeladenen weißen Ford Transit, den wir bei Hertz in der Old Kent Road gemietet hatten, von Calais nach Pouilly-Fuissé zu fahren. Der Wagen besaß keine Klimaanlage, und die Temperaturen waren unerträglich. Es war Mitte Juli, und ich ging ein vor Hitze. Ich war knapp davor, von innen heraus zu schmelzen. Meine Stirn hatte die Farbe von gekochtem Hummer. Meine Nase tropfte wie das Blatt einer tropischen Pflanze während eines Wolkenbruchs. George erging es nicht besser. Er hatte sich bis auf die Boxershorts ausgezogen und wurde langsam immer röter. Wir wagten es nicht, miteinander zu sprechen, denn jede Bewegung hätte die Temperatur um ein Zehntel eines Zehntelgrades erhöht. Es war bereits eine Stunde vergangen, seit wir bei Mâcon von der A6 abgefahren waren, um unsere Unterkunft zu suchen, was die Lage nur noch schlimmer machte. Plötzlich entdeckte George ein Schild mit dem Namen des Hotels darauf. Es war, als hätten wir mitten in der Wüste einen roten Neonpfeil entdeckt, der versprach, uns Gott und einem kühlen Bier näher zu bringen. Ich trat das Gaspedal durch, und wir bretterten die Straße hinunter. Dort, im Zwielicht, lag vor uns, was wir uns ersehnten: ein Pool, ein Restaurant, eine Klimaanlage. Mein Blick wurde glasig. Ich vergaß alle Vorsicht und lenkte den Van zur Scheuneneinfahrt an der voll besetzten Terrasse vorbei. Zumindest war das mein Plan. Bei all der Aufregung hatte ich nur vergessen, dass ich einen Van von über drei Metern Höhe fuhr. Dazu kommt, dass überhängende Dächer wie bei dieser Scheune Platz brauchen, sonst reißen die Dachpfannen gerne tiefe Löcher in das Metall, das mit fünfzehn Kilometern pro Stunde gegen sie kracht. Und genau das taten sie dann auch. Es rummste ganz gewaltig. Ich stieg in die Eisen und katapultierte beinahe eine Tonne Möbel, Bücher, Bettwäsche, Handtücher, Kissen, Tische, Stühle und sonstige Haushaltsgegenstände nach vorne zu uns in die Fahrerkabine und über die Motorhaube auf die Straße vor uns. Ich blickte zu George.»Mist.«

George war für seine sechzehn Jahre viel zu unbekümmert. Seine Antwort passte zur Situation.»Echt Mist«, sagte er und klang dabei ziemlich genau wie Stephen Fry in *Jeeves and Wooster – Herr und Meister*. Es folgte eine Pause.»Verdammter Mist«, sagte ich.»Holen wir uns einen Drink.« Damit setzte ich langsam zurück, das Knirschen wurde schlimmer und schlimmer, bis etwas klappernd zu Boden fiel und wir frei waren.»Tu so, als wäre nichts passiert«, schlug ich vor, als wir die zehn Meter fuhren, um einzuparken. Ich drehte den Zündschlüssel.»Das krieg ich hin«, sagte George.»Aber wie willst du die vierzig Leute, die gerade auf der Terrasse ihre *foie gras* und ihre Froschschenkel essen, davon überzeugen, dass nichts passiert ist?«

»Das wird schon«, sagte ich bestimmt, als wüsste ich, was ich tue. Er zuckte die Achseln.

Wir schnappten uns unsere Reisetasche und schlenderten, ohne uns umzusehen, von unserem Parkplatz. Ich wollte gar nicht herausfinden, wie groß der Schaden am Van war. Ich vermutete, ich würde draufzahlen müssen, also war es eher eine akademische Frage, ob das Dach nur einen Kratzer hatte oder ganz abgedeckt worden war. Als wir die Rampe hinaufstiegen, bemerkte ich, dass die meisten Gäste sich offenbar kaum bewegt hatten, seit wir auf der Bildfläche erschienen waren und beinahe das Hotel abgerissen hatten. Ich könnte sogar schwören, dass einige mitsamt Gabel und Essen auf halbem Weg zum Mund erstarrt waren.

Wir spazierten an ihnen vorbei zur Rezeption. Um den Schein aufrechtzuerhalten, beschloss ich, freundlich zu sein – »*Bonsoir, messieurs-dames*«, sagte ich und nickte allen Gästen so vergnügt wie möglich zu.

Sie nickten amüsiert zurück, und ich spürte, wie ihre Blicke mir folgten. Ich hatte das Full House: ein Engländer, der nicht fahren konnte und unter Amnesie litt. An der Rezeption klingelte ich, wartete und lächelte allen zu, die mich anschauten. In dem Moment fielen mir die vier Dachziegel auf, die wir mit dem Van abgeräumt hatten und die in einem wilden Haufen auf dem Asphalt lagen. Obendrein baumelte eine kleine Lampe an ihrem Kabel vom Dach des Parkplatzes. Sie war immer noch an. Ich fühlte mich an Michel den Wilden aus Huxleys *Schöne neue Welt* erinnert, der von seinem Balken baumelte.

»Ähm ... ich glaube, wir haben zu viele Beweise hinterlassen, als dass wir damit davonkommen könnten«, flüsterte George.

»Es wird dunkel. Die Angestellten bemerken das nicht, und die Gäste draußen werden uns nicht verpfeifen. Das sind Franzosen. Sie hassen Autoritäten.«

»Jup, und genau deshalb werden sie uns verpetzen. Wir sind nämlich *le rosbif*. Oder hast du das schon vergessen?«

Aus einem schrankgroßen Zimmer hinter dem Tresen trat eine mittelalte Frau in einem Kleid mit Vichy-Muster und mit einem Vorbau von der Größe einer IKEA-Kommode. Sie hatte uns als vermisst verbucht und unser Zimmer fast wieder freigegeben. War es nicht ein großes Glück, dass sie uns noch zehn Minuten mehr gegeben hatte? »*Très chanceux*«, sagte ich. Mir fiel auf, dass sie ein Glas Rosé in der Hand hielt, das sie neben das Reservierungsbuch stellte. Außen am Glas bildeten sich wegen des Temperaturunterschieds Kondenströpfchen. Ich verwandelte mich in John Mills, der in der letzten Szene von *Eiskalt in Alexandrien* fasziniert sein Glas Carlsberg mustert. Die Welt schrumpfte zusammen, und ich konnte nur noch das Glas Rosé sehen. Ich zoomte hinein, bis alles andere verschwamm. Meine Hand streckte sich danach aus, als ich plötzlich einen Stoß in die Rippen bekam. Es war George. Die Frau hinter dem Tresen sagte etwas. Ich schüttelte den Kopf. Mist, sie hatte die Dachziegel bemerkt. Oder doch nicht? Sie reichte mir die Zimmerschlüssel. Bingo, dachte ich, und wie Windhunde schossen wir davon, bevor sie es sich anders überlegen konnte.

***

George und ich hatten diesen Roadtrip geplant, seitdem wir das Haus vor zwei Jahren gekauft hatten. Es war unser Männerausflug. Ein Abenteuer, bevor er siebzehn wurde und somit alt genug war, um mich mit Verachtung zu strafen. Wir hatten im Laufe der Zeit dies und das für das Haus gesammelt und hatten immer vorgehabt, alles in einem Van beliebiger Größe dorthin zu bringen, auszuladen und das dann alle paar Jahre zu wiederholen. Okay, ich verstehe Sie schon. Warum kaufen wir den ganzen Kram nicht dort unten? Weil, also… okay… ich hatte gehofft, wir müssten nicht davon anfangen. Ich geb's zu: eBay. Ja, ja, ich habe es mit Therapie versucht. Ja, ich habe versucht, den Computer einfach auszulassen. Ich habe versucht, mein Passwort zu vergessen. Ich habe meine Kreditkarte aus dem System gelöscht und im Licht des Vollmonds mit dem Teufel getanzt, aber nichts, rein gar nichts, hat mich von eBay wegbekommen. Es ist das Meth der Mittelschicht. Was für Schrott ich da schon gekauft habe. Einmal habe ich einen Plastikkronleuchter ersteigert, weil wir genau danach gesucht haben, er günstig und der andere Bieter ein klein bisschen zu dreist war und es mich gestört hätte, gegen so einen Möchtegerngauner ... eine Möchtegerngaunerin ... wie auch immer ... zu verlieren. Dann folgte ein kaputter Christopher-Dresser-Teller. Ich weiß, ich hätte mir das Kleingedruckte durchlesen sollen, aber die Auktion war fast vorbei und ich wollte ihn unbedingt haben, also bitte schön. Ich habe Gemälde gekauft, die immer ungefähr halb so groß wie erwartet waren. Ich habe da eine Theorie. Kennen Sie diese Virtual-Reality-Webseiten, auf denen man Land kaufen und ein Haus bauen kann? Es gibt sogar Konzerte in virtuellen Hallen. Es kann nicht mehr lange dauern, bis man sich in der virtuellen Welt an einem virtuellen Computer anmelden und virtuellen Kram auf einem virtuellen eBay kaufen kann. Wie das Spiegelbild eines Spiegelbilds. Ich mag altmodisch sein, aber ich würde mich lieber von einem Typen über den Tisch ziehen lassen, den ich sehen und zusammenschlagen kann.

***

Im Hotel, das jetzt um einige Dachpfannen ärmer war, hatten wir uns auf unserem Zimmer direkt unter die Klimaanlage gelegt und je zweimal kalt geduscht, bevor wir uns nach draußen wagten. Außer auf der Terrasse mit den Zeugen unserer Tat konnte man hier nirgendwo etwas essen. Es war gegen neun, und die meisten waren schon gegangen, doch einige versuchten noch die leichte Brise auszukosten, die jetzt durch die Bäume säuselte. Zu meiner Erleichterung schien sich niemand für uns zu interessieren, also setzten wir uns an einen Tisch und nahmen uns die Speisekarte vor. Und dann bekamen wir eine Lektion über die Franzosen und ihre Hunde.

Ich mag Hunde. Mum und Dad haben stets Hunde gehabt. Drei. Alle hießen Bob. Also drei nacheinander. Es wäre schön blöd, wenn sie gleichzeitig drei Hunde namens Bob gehabt hätten. Ich wollte immer einen Hund, aber in London mit einem Garten so groß wie ein Squash-Feld war das nicht machbar. Wir haben uns mal einen Labradoodle angeschaut – die sind nicht zu groß, verlieren angeblich keine Haare und stinken nicht. Auf unsere E-Mail an eine Züchterin bekamen wir eine Antwort, die etwa wie folgt lautete:

Lieber Sir,
für wen – im Namen von Barbara Woodhouse – halten Sie sich eigentlich, dass Sie mir aus dem Nichts eine E-Mail schreiben? Glauben Sie ernsthaft, Sie wären es würdig, auch nur in Richtung meiner Tiere atmen zu dürfen? Ich erkläre Ihnen das mal.
Erstens leben Sie in London, wo alle sexbesessen und drogenabhängig sind; zweitens haben Sie noch nie einen Hund gehabt, also werden Sie wohl kaum wissen, an welchem Ende das Futter rein muss und an welchem es wieder rauskommt; drittens sind Sie ein Mann. Das bedeutet, dass Sie unfähig und naiv sind und sich der Hund, evolutionstheoretisch gesprochen, viel eher um Sie kümmern müsste. Wenn Sie aus London nach Tunbridge Wells gezogen sind, im Lotto gewonnen haben und zur Frau geworden sind, können Sie sich noch mal melden.
Mit freundlichen Grüßen

Danach gaben wir es auf, und etwa sechs oder sieben Jahre später kauften wir einen schwarzen Cocker Spaniel, den wir Lola nannten. Randbemerkung: George und ich wollten eine Katze, aber dieser Vorschlag bekam jedes Mal ein Veto. Kaz ist der Meinung, Katzen hätten einen Pakt mit dem Teufel geschlossen.

George und ich wollten gerade bestellen, als mir ein ziemlich großer Deutscher Schäferhund auffiel, der ruhig und entspannt am Nachbartisch zu Füßen seiner Menschen lag. Er hatte seine Knopfaugen auf mich gerichtet. Seine Besitzer bemerkten, dass ich den Hund bemerkt hatte, und lächelten. Na dann, dachte ich und widmete mich wieder der Speisekarte. Sie war, wie man es in einem französischen Landrestaurant erwarten würde, voller Coquilles Saint-Jacques, gegarter Froschbeine, Coq au Vin und Steak frites. George nahm ein Steak Haché und ich irgendeinen weißen Fisch und ein *demi* Rosé. Das erste Glas war süß wie Nektar, das zweite doppelt so süß und das dritte machte die Welt zu einem viel, viel besseren Ort. Ich seufzte und lehnte mich in meinem Stuhl zurück. George trank literweise Wasser und Cola. Der Abend war warm und angenehm. Wir hatten der Hoteldirektion dafür vergeben, dass der Pool nach Einbruch der Dunkelheit gesperrt war, und passenderweise schoss ein milder Wind durch die Luft.

In diesem Augenblick kam ein kleines, weißes, flauschiges Tierchen mit seiner belgischen Familie auf die Terrasse, das gerade noch so zur selben Spezies wie der Schäferhund gehörte. Ich wusste, dass es Belgier waren, weil sie ihr eigenes Essen mitgebracht hatten, das in Tüten an ihren Handgelenken baumelte. Der Hund unter dem Nachbartisch nahm die genetische Verwandtschaft wahr, und dann war die Hölle los. Das ist an sich ganz normal. In Manhattan, Montrose oder Macclesfield wäre das nicht anders gewesen. Interessant war jedoch die Reaktion der Besitzer. Sie hätten nichts anderes als Franzosen oder Belgier sein können. Die französischen Besitzer des Deutschen Schäferhundes sahen zu, wie ihr Haustier sich auf den belgischen Wattebausch stürzte. Er würde den Kleinen aufs Grausamste ermorden, so viel stand fest. Er wollte Blut und Innereien bis in die letzten Ecken des Restaurants, des Pools und der teilweise abgedeckten Scheune schleudern. Vermutlich würde man noch in zehn Jahren Überreste des belgischen Hundes von unserem Hertz-Mietwagen kratzen. Die Besitzer waren jedoch völlig blauäugig. Sie lächelten wohlwollend und machten sich über ihren Nachtisch her. Die umstürzenden Tische waren ihnen in etwa so wichtig wie der Sturz der dritten chinesischen Dynastie. Die Belgier jedoch litten am Zeitlupensyndrom. Sie wissen schon, wie man es auch von Autounfällen kennt. Sie sahen ihr zukünftiges Leben vor ihrem inneren Auge vorbeirauschen – ohne ihren Fiffi. Sie pflückten ihn vom Boden auf und pressten ihn an ihren Busen. Natürlich ohne Erfolg, der Schäferhund war immer noch auf dem Kriegspfad, die Besitzer immer noch am Essen – und die Katastrophe schien völlig unausweichlich. Doch plötzlich erspähte ich aus dem Augenwinkel einen dritten Teilnehmer. Heute war ein echt finsterer Tag im Hunde-Bagdad. Ganz offensichtlich gehörte der dritte Hund den Hotelbetreibern. Woher ich das wusste? Der Hotelbetreiber hing am anderen Ende der Leine. Woher ich wusste, dass der arme Mann der Hotelbetreiber war? Von dem Foto eines lächelnden Mannes an der Rezeption, unter dem *propriétaire* stand. Und dann fiel mir auf, was er in der anderen Hand hielt: eine Auswahl Dachziegelscherben, die bis vor Kurzem noch auf seiner sorgfältig gedeckten Scheune gelegen hatten. Jetzt, da Sie dieses Wissen haben, können Sie sich vorstellen, welche Laune *monsieur* hatte. Sein Mischling zerrte an der Leine. Der Deutsche Schäferhund sprang los, der Mischling tat es ihm gleich, und der Hotelbetreiber segelte hinterher. Wie durch Magie wurden die verräterischen Dachpfannen in die Luft geschleudert und schlitterten in dem Moment in die Büsche um die Terrasse, als unsere Hauptspeise kam. Meine Arbeit hier ist getan, dachte ich, als ich mir die erste Gabel mit sehr leckerem Fisch in den Mund schob. Auch George fielen die verschwindenden Beweismittel auf, und wir prosteten auf unser Glück. Chin-chin, sagte ich und leerte mein Glas, wie Bertie es immer mit Tante Agathas bestem Port machte. Ich hatte wirklich eine Schwäche für *Jeeves and Wooster – Herr und Meister*.

***

Am nächsten Morgen fuhren wir früh los. Wir wollten Strecke machen, bevor die Hitze kam. Sechs Stunden später hatten wir beinahe nukleare Temperaturen erreicht und fuhren durch Béziers. Wir hielten an der Ampel, die auf die Abfahrt von der Autobahn folgte. Und es fielen die Windschutzscheibenwäscher über uns her.

In den frühen 2000ern gab es solche Gangs auch im Vereinigten Königreich, aber die waren anders als diejenigen in Südfrankreich. Diese Typen hier waren das Spezialkommando unter den Scheibenwäschern. Diese Typen sollten Europa regieren – und taten das vermutlich auch irgendwie. Als Erstes fiel ihnen unser ausländisches Kennzeichen auf. Dann machten sie sich grinsend über unsere Scheibe her, führten ein ulkiges Tänzchen auf und beendeten das Ganze mit einem Schaumherz auf dem Glas. Da dachte ich mir, einen Euro könnte ich ihnen schon geben. Wir wurden etwas nervös, warteten darauf, dass die Ampel umsprang. Ich gab ihnen einen Euro durch den Fensterspalt, und während ich die Münze herüberreichte, klirrte Metall gegen Glas. Mist, dachte ich, die Münze ist neben den Sitz gefallen. Ich nahm noch einen Euro, und dasselbe Spiel ging von vorne los. Als ich nach der dritten Münze fischte und die Fahrer hinter uns langsam Hummeln im Hintern bekamen, wurde ich hellhörig. Man glaubt, man hätte die Münze fallen gelassen, doch in Wahrheit hat der Putztyp sie sich geschnappt und mit einer Münze in der anderen Hand gegen das Glas geklopft. *Et voilà!* Ein uralter Taschenspielertrick.

Wir kamen schlussendlich gegen vierzehn Uhr in Causses an. Es hatte jetzt um die 40 Grad Celsius, und wir kippten Wasser runter wie die Marathonläufer. Wir stellten den Van an der Place du Marché ab, gingen zur Place Jules Milhau und dann nach rechts unter dem Bogen durch in die Place de l'Église. Ich schloss die Tür auf, suchte in der kühlen Dunkelheit nach dem Lichtschalter, und Licht durchflutete den Raum. Er war alles andere als bewohnbar. Man hatte uns gesagt, die Anstreicher wären schon fertig. Waren sie offenbar nicht. Es herrschte kein komplettes Chaos, aber sie waren noch nicht fertig, und ihr Kram stand überall herum. Kein Problem, dachten wir, wir laden einfach aus, stapeln alles in einem der Zimmer und schlafen auf dem Dach. George und ich trafen eine Abmachung. Erst ausladen, anschließend hatten wir uns ein erfrischendes Bad im Fluss verdient.

Meine Aufgabe war es, den Van auf die Place Jules Milhau zu steuern. Ich hatte zu beiden Seiten etwa einen Zentimeter Platz, aber fünfzehn Minuten und eine Schramme an der Seite später hatte ich es geschafft – ich würde ohnehin 800 Pfund mehr zahlen müssen, also überlegte ich, ob wir auf dem Rückweg zu einem Demolition Derby fahren sollten.

Als Erstes musste ich die Hintertüren des Vans öffnen. Im Fahrzeug muss sich etwa eine Tonne Möbel befunden haben, die von einem soliden Buchenholztisch, den uns ein Kumpel geschenkt hatte, an Ort und Stelle gehalten wurde. Wir hatten vier Leute gebraucht, um den Tisch überhaupt in den Wagen zu bekommen, und jetzt sollten wir ihn mit nur zwei Mann aus dem Van, durch den Bogen, ein paar Stufen hoch ins enge Treppenhaus, durch das Wohnzimmer und ins Esszimmer bugsieren. Damit auch alles hielt, hatten wir einige Holzstücke in die Tischplatte geschlagen, die wir jetzt erst lösen mussten, bevor wir den Tisch so vorsichtig wie möglich zu Boden lassen konnten. Es waren keine potenziellen Helfer in Sicht, also galt: wir gegen den Tisch. Wir nahmen uns einige Kissen, die noch verpackt waren, und legten den Boden damit aus, sodass wir den Tisch darauf fallen lassen konnten. Ich hatte Bierkutschern oft genug dabei zugesehen, wie sie Fässer handhaben. Alles war bereit.

***

Ich weiß nicht, ob Sie je den genialen Kurzfilm *The Plank* (Das Brett) von Eric Sykes aus dem Jahr 1967 gesehen haben. Er kommt völlig ohne Dialoge aus und erzählt von dem Chaos, das zwei Arbeiter verursachen, die ein Brett von einem Ort an den nächsten bringen sollen. Wenn Sie ihn kennen, verstehen Sie, worauf ich hinauswill. Uns gelang es, die Tischplatte, die bestimmt 200 Kilo wog, auf die Kissen abzusenken. Dann beschlossen wir nach viel Kopfschütteln, sie ins Haus zu »kippen«. Wir legten alte Decken unter eine Kante der Tischplatte, kippten sie auf die nächste Ecke und die nächste Decke. Ich bin ein Genie, dachte ich. Wir schafften es unter den Bogen, und alles lief wie am Schnürchen, sodass wir uns schon in Sicherheit wähnten. Wir erkämpften uns jeden Zentimeter der Treppe, schoben uns durch das Wohnzimmer und ins Esszimmer. Als wir die Platte endlich auf den Boden legten, waren wir am Ende unserer Kräfte. Ich war so schweißgebadet, wie man nur sein konnte. Nasser wäre ich auch nicht mehr geworden, wenn ich einen Eimer Wasser über mir ausgekippt hätte. George erging es nicht anders. Wir stolperten nach draußen in die Hitze, griffen uns die warme Zweiliterflasche Wasser, die wir uns aufgehoben hatten, und setzten uns in den Schatten der Wand und leerten sie gierig.

»Junge«, sagte ich nach einer Weile. »Wir sind im Fegefeuer gelandet.«

»Bringen wir es hinter uns«, erwiderte George.

Wir hievten uns hoch und machten uns entschlossen an die Arbeit. Wir brachten zwanzig Bücherkisten zu je zwanzig Kilo ins Haus. Zwei Bänke, Kisten voller Küchenutensilien, vier Matratzen und die Betten – eines davon hatten wir extra in einer Eisengießerei in Deptford anfertigen lassen. Alle fünfzehn Minuten machten wir eine Wasserpause. Ich betrachtete mich als Teil einer Chain Gang, wie es sie früher in US-amerikanischen Gefängnissen gab. Einfach weitermachen. Als wir den Wagen leer geräumt hatten, war es etwa vier Uhr nachmittags. Wenn ich in der Sahara Schützengräben hätte ausheben müssen, wäre ich auch nicht erschöpfter gewesen. Wir füllten uns Wasser auf und fuhren dann für unsere wohlverdiente Erfrischung im Fluss hoch nach Roquebrun. Dort bogen wir nach rechts auf die D19 ab, ließen das Rathaus rechts liegen, fuhren über den Hügel und durch die Berge. Mehr natürliche Schönheit, mehr natürliches Drama fand man nirgendwo. Der erste Berg hinter dem Dorf heißt Montpeyroux und gehört zu den Ausläufern der Montagne Noire, der Bergkette, die schließlich in die Auvergne führt. Wir ratterten den Hügel hinunter und in den Naturpark Haute-Languedoc.

Das Wasser bei Roquebrun war wie ein Vorgeschmack auf den Himmel: warm, aber kühl genug für eine Erfrischung. Wir legten uns in den Fluss und sahen zu, wie der Sonnenuntergang das silberne Wasser golden färbte. Nach und nach verschwanden die anderen Autos vom Ufer, und wir dümpelten immer noch im Wasser, als wäre keine Zeit vergangen. Als wir langsam schrumpelig wurden und der Abendwind durch die Weiden wisperte, machten wir uns auf den Weg ins Restaurant Excalibur in Malagas, um eine Pizza zu essen.

Als wir dort ankamen, war das Tageslicht fast völlig verschwunden und der Ort voller Leute. Wir parkten am Stadtrand und wanderten den Hügel hoch, am Schloss vorbei, und fragten uns, warum es so voll war. Wir bekamen gerade noch die letzten zwei freien Plätze in der Pizzeria – draußen, wohlgemerkt, die Tische im klimatisierten Inneren waren alle schon von pfiffigeren Gästen belegt. Wir setzten uns und seufzten, als uns das Chaos am Fuß des Hügels auffiel. Nachdem wir bestellt und uns den Tisch gesichert hatten, schauten wir uns an, was dort los war.

Auf dem Parkplatz erwartete uns unser erster Stierkampf. Ein recht kleiner Bulle stand in einer Miniatur-Arena, die von einem drei Meter hohen Metallzaun umgeben war. Junge Kerle in billigen *trajes de luces* und *monteras* rannten von einer Seite der Arena zur anderen und versuchten, eines der Bänder zu erwischen, die locker um die Hörner des Bullen gebunden waren. Jedes Mal, wenn einer ein Band berührte, brüllte die Menge auf, und der Bulle hob wie ein abgerichteter Jagdhund, der Beute erschnüffelt, das Vorderbein. Die jungen Männer wurden wagemutiger und schlugen dem Bullen auf die Hörner. Er wehrte sie kopfschüttelnd ab. Je näher einer der Läufer kam, desto lauter wurde das Jubeln der Menge. Wenn sie mit voller Geschwindigkeit durch die Arena rannten, wurden sie oft nur vom Zaun gebremst, stiegen mit Schwung auf die erste Querstrebe in etwa einem Meter Höhe, danach auf die zweite und krachten dann in eine Plattform neben dem Zaun.

Wenn sie ein Band einsackten, drehten die Zuschauer völlig durch. Von Zeit zu Zeit verlor einer der Läufer den Halt am Zaun und fiel zu Boden, sodass seine Mitstreiter in die Arena stürzten, um den Bullen abzulenken, während andere ihn, staubig und benommen, auflasen. Zehn Sekunden vergingen, die Menge verharrte in gespannter Stille, schließlich stand er wieder auf, schüttelte den Kopf, hob die Hand und lächelte. Jubel brandete auf, und er humpelte noch ein wenig, sprang dann aber behände wie eine Gazelle wieder auf den Zaun, wo er zuvor abgestürzt war, und winkte noch mehr.

Wir hatten Glück und waren gerade rechtzeitig zum Finale gekommen. Die mutigen Kämpfer brachten die Show zum Abschluss, und der Bulle wurde ganz handzahm in einen Anhänger geführt. Die Sonne ging vollends unter, und wir schlenderten zurück zum Restaurant. Der Jubel der Menge hallte immer noch von den Häusern wider.

Gegen zehn kehrten George und ich wieder in unser Domizil zurück. Wir waren so erledigt, dass wir uns jeder nur ein Bettlaken und eine Matratze nahmen und auf der Terrasse unser Nachtlager aufschlugen, wo eine leichte Brise ging. Drinnen war es wie in einem Hochofen. Im Dämmerlicht sah ich, wie George die Augen zufielen und sich seine Gesichtszüge entspannten. Müde und glücklich glitt er sanft in den Schlaf hinüber. Eine Erinnerung, die mich heute noch beruhigt.

7
ÜBER BEHARRLICHKEIT

**François – Ein Badezimmer – Eine Küche –
Die Männer aus Marseille – Die Bedeutung von Mittagessen –
Erinnerungen für die Ewigkeit**

Man braucht »seine« Baufirma. Genauso, wie man »seinen« Bäcker, »seinen« Metzger und »seine« Bar braucht. Man braucht seine Baufirma, und sie muss von Ortsansässigen geführt werden. Wenn man nur daran denkt, jemanden zu beauftragen, der außerhalb eines Radius von fünfundzwanzig Kilometern wohnt, ist die Sache schon gelaufen. Man könnte in Versuchung kommen, Leute aus Warschau anzuheuern. Das lässt man aber lieber. Man holt sich mehrere Kostenvoranschläge, *devis*, ein. Schön und gut, aber die Baufirmen kennen sich untereinander und tauschen Informationen aus. Wenn es ein großer Auftrag ist, an dem mehrere Firmen arbeiten müssen, muss man sie alle separat ausfindig machen und beauftragen. Mittlerweile ist es selten, dass ein Auftrag mit Maurer-, Klempner-, Elektriker-, Putz- und Malerarbeiten komplett von einer Firma abgewickelt wird. Doch vor fünfzehn Jahren war das die Norm. Auf jeden Fall muss man sich Zeit lassen. Man darf bei so was nichts überstürzen. Möglicherweise überlappen sich die Aufträge bei Firmen, sodass man damit rechnen muss, dass eine Baustelle drei, vier Tage oder auch mal einen Monat einfach liegen bleibt. Und dann gibt es noch die Mittagessen. Unsere schwedischen Nachbarn Hans und Lotten stellten uns François vor. Wir wollten unsere antike Kupferbadewanne (siehe Kapitel 12 »Geschichte einer Badewanne« für weitere Details) und ein Badezimmer einbauen lassen – als wir einzogen, gab es nämlich nur ein gesprungenes Waschbecken mit einem einzigen Wasserhahn. Unter dem Sprung stand ein Eimer. François ist ein spannender Typ. Er spricht Englisch, aber nur so, dass man ihn nicht missverstehen kann. Sein Humor ist typisch französisch. Typisch französischer Humor geht so:

»Hier ist die Badewanne und da soll sie eingebaut werden.«

»Aber das ist doch ganz leicht. Warum wollen Sie mich dafür bezahlen? Das könnten Sie auch selber.«

»Ich bin kein Klempner und habe keinen Schimmer, wie ich die einbauen soll.«

»Aber das ist einfach. Sogar Sie würden das hinbekommen. Kostet nur die Hälfte. Ich bringe es Ihnen bei.«

»Ich denke, ich suche mir jemand anderen.« Er weicht zurück, die Hände erhoben, als müsste er mich abwehren.

»Hey! Nur ein Witz. Ich mach's. Natürlich mache ich es. Schöne Badewanne.« Verschwörerisch dreht er sich zu Kaz um. »Er ist sehr empfindlich, Ihr Mann.«

François kam und baute das Bad ein. Jedes Mal, wenn ich vorbeischaute, um nach dem Fortschritt zu sehen, machte er Pause und bestand darauf, dass ich seine Arbeit begutachtete und bewunderte.

»Können Sie mir kurz helfen?«

»Natürlich.«

»Halten Sie den und geben Sie ihn mir, wenn ich es sage.«

Er reicht mir einen Verstellschlüssel, und ich stehe damit in der Gegend rum, während er mit Silikon hinter der Badewanne verschwindet.

Ich bleibe einige Minuten stehen. »Brauchen Sie den jetzt?« Wieder herrscht einige Minuten lang Stille. Dann taucht er erstickt lachend wieder auf.

»Engländer, hm?«

Ich lege den Schlüssel weg, lache gekünstelt und gehe.

Einige Jahre später holten wir François erneut, um die Küche zu renovieren. Wir hatten ihm einige Ideen skizziert. Er schaute sie sich eines Abends bei einer Flasche Picpoul an. Etwa fünf Minuten lang konzentrierte er sich auf nichts anderes, dann holte er einen Bleistift heraus.

»Sind Sie sicher, dass die Küche so werden soll?«

»Na ja, das sind nur Ideen. Was würden Sie denn empfehlen?«

»Wie sehen Küchen in London denn aus?«

»Also... äh... nach einer Küche eben. Herd, Kühlschrank, Arbeitsfläche, Regale. So was eben.«

Er blickt mich an. »Kochen Sie?«

»Kaz kocht.«

»Kaz, was halten Sie davon?«

»Na ja, es sind ja nur... erste Ideen.«

»Ist sie eine gute Köchin?«

»Wunderbar. Sie könnte im Fernsehen auftreten, so gut ist sie.«

Er dreht sich zu Kaz um. »Wie würden Sie eine Auster kochen?«

»Gar nicht«, sagt Kaz. Er nickt anerkennend.

»Sie kochen. Und Sie wollen, dass die Küche so wird?«

»Na ja, es sind nur ein paar Ideen.«

Er trinkt aus.

»Wir werden sehen. Ich komme nächsten Dienstag wieder.«

Zweieinhalb Wochen später ruft François an und sagt, dass er heute Abend vorbeischaut.

»Also, eigentlich wollten wir ...«

»Dann bis um fünf.«

François kommt um viertel nach sechs. Er hat ein Klemmbrett mit einer Zeichnung dabei und führt uns in die Küche.

»So machen wir das. Herd hierher, Spülmaschine nach da. Frühstücksbereich und Arbeitsfläche hier. Dort bauen wir den Gefrierschrank, den Kühlschrank und einen Schrank für den Abfall ein. Wir machen den Haushaltsraum kleiner, dafür haben wir in der Küche mehr Platz. Ich habe Ihnen diese Fliesen ausgesucht, und das Waschbecken wird ...«, er blättert durch eine Broschüre, »*comme ça*. Der Herd wird ...« Er blättert durch eine weitere Broschüre. »*Comme ça.*«

Wir setzen uns und betrachten alles.

»Darf ich eine Frage stellen?«, frage ich.

»Natürlich. Vielleicht bei einem Glas Wein?«

»Sicher.«

»Können wir dieses Holz für die Arbeitsflächen nehmen?«

»Zeigen Sie mal. Ah, ja. Das geht, aber da brauche ich vier Schichten Versiegelung.«

»Und gibt es die Fliesen, die Sie ausgesucht haben, mit etwas Textur und in Creme, nicht in Weiß?«

»*Texture bon, crème non.*«

Kaz und ich tauschten einen Blick aus. Seine Ideen waren echt gut. Es war genial, den Haushaltsraum miteinzubeziehen.

»Danke, François. Das ist großartig.«

»*Bien sûr*. Dafür bin ich da. Ich kann in etwa vier oder fünf Monaten loslegen.«

»Meine Güte, das ist aber lang. Früher geht's nicht?«

»Lassen Sie mich nachdenken. Wie wäre es mit nächster Woche?«

»Das wäre wunderbar, wenn Sie das...«

Er kichert. »Nächste Woche. Ha ha ha. *Non non non*. Ich bin ein *atelier*. Sehe ich so aus, als hätte ich keine Kunden? Ich habe einen Auftrag in der Auvergne, der drei Monate dauert. Dann rufe ich an und wir machen einen Termin aus. Wir sind hier nicht in London.«

Vier, fünf Monate später war François wieder da und überwachte die Lieferung des Herds. »Ich komme und überwache die Lieferung der Geräte«, hatte er am Telefon gesagt.

»Das ist nicht nötig, darum kümmere ich mich.«

»Mache ich Ihnen die Küche?«

»Ja, klar, natürlich, aber...«

Als der Herd angeliefert wurde, war François zur Stelle. Zwei große Kerle wuchteten das Gerät ins Wohnzimmer und drückten mir ein Formular in die Hand, auf dem ich unterzeichnen sollte, dass alles in Ordnung war. Das ließ François nicht zu. Es gab eine lautstarke Diskussion, in der viel die Achseln gezuckt wurden und François darauf bestand, dass die Lieferanten die Verpackung entfernen sollten, damit wir sehen konnten, dass auch das Richtige geliefert worden war und dass das Gerät in einwandfreiem Zustand war. Die Lieferanten jedoch hatten noch weitere Fahrten zu machen. François bemerkte, dass sie nicht unter Zeitdruck wären, wenn sie nicht extra eine Pause fürs Frühstück gemacht hätten. Ohne Unterschrift auf dem Formular konnten sie nicht anders, als den Herd auszupacken. Das dauerte etwa ein Zehntel der Zeit, die sie vorher diskutiert hatten. Als alles enthüllt war, ging François ans Werk. Er war wie ein NASA-Ingenieur, der den nächsten Mars-Rover inspiziert.

»Was ist das hier?«

Die beiden Lieferanten gingen gleichzeitig in die Hocke, um einen Fleck auf dem rostfreien Edelstahl an der Seite des Ofens zu untersuchen. Einer leckte sich den Finger ab, rubbelte den Fleck weg und drehte sich triumphierend zu seinem Kollegen um. François machte weiter. Plötzlich richtete er sich auf. »Was ist das da?« Er deutete auf seinen Fund, und die beiden Lieferanten beugten sich erneut vor. Als sie sich wieder aufrichteten, waren sie etwas blass. Ich trat zu ihnen, um mir ein Bild zu machen. Eine Delle. Eine Delle von etwa einem halben Zentimeter unten an der Verkleidung.

So ging das nicht. Das konnte man so nicht durchgehen lassen. François war stellvertretend für seinen minderbemittelten Kunden – mich – entrüstet. Ich verstand kein Wort, reimte mir aber zusammen, dass sie das Ding wieder mitnehmen und sofort einen neuen liefern sollten. »*Immédiatement!*« Die Lieferanten hoben die Hände, zuckten die Schultern und zeigten hilflos auf den beanstandeten Herd. Das wird nichts, sagten sie, »*trois mois*«, mindestens. Drei Monate? Himmel!

Die Lieferanten waren jetzt ernsthaft angefressen. Sie blickten immer wieder auf ihre Uhren. Dann holten sie ihre Handys raus und wählten die Nummer der Zentrale. Sie wanderten im Wohnzimmer auf und ab, und François tappte mit dem Fuß auf den Boden und hatte die Arme verschränkt. Nach einer Weile legten sie auf und sprachen noch mehr unverständliches Französisch. François erwiderte etwas, und sie riefen noch mal in der Zentrale an. Sie legten wieder auf und redeten erneut mit François. Ich war mittlerweile vollends verwirrt. Dann wendete François sich an mich.

»Sie sprechen kein Englisch. Kommen aus Marseille, also sprechen sie nicht mal richtig Französisch. Ich habe 15 Prozent Rabatt herausgehandelt. Die Delle ist nicht zu sehen, weil die Seite an der Wand steht. Ist das in Ordnung?«

»Äh... ja klar.«

»*Bon!*«, sagte François. »Okay«, sagte er zu den Lieferanten. Wir schlugen ein. Die 15 Prozent Rabatt wurden auf der Rechnung vermerkt, mit Initialen bestätigt, und ich unterschrieb. Wir schüttelten Hände, und weg waren sie.

François wurde ernst. »Entschuldigen Sie bitte. Die glauben, nur weil wir nicht in der Stadt leben, wären wir blöd.«

***

Einige Monate später, nachdem François mit der Arbeit begonnen hatte, legte er seine Arbeitszeiten fest. Er würde um genau zwölf Uhr Mittagspause machen und um genau halb zwei wieder da sein, um seinen Tag dann um genau sechzehn Uhr zu beenden. Oder um sechzehn Uhr dreißig. Oder um fünfzehn Uhr dreißig, wenn er ein Teil bei Bricoman in Béziers besorgen musste. Am ersten Tag kam er um dreizehn Uhr vierzig aus der Mittagspause wieder und war nicht zufrieden.

»Wie war das Essen?«
»Nicht gut. Gar nicht gut.«
»Oh, das tut mir leid. Gab es ein Problem?«
»Das Essen war akzeptabel. Der Wein war auch akzeptabel. Mit akzeptabel kann ich umgehen. Aber es hat vierunddreißig Minuten gedauert, bis der erste Gang kam. Vierunddreißig Minuten. Das ist inakzeptabel. Ich habe ihnen extra gesagt, wann ich arbeite. Aber es hat vierunddreißig Minuten gedauert. Das ist ganz und gar nicht akzeptabel. Morgen versuchen wir es noch mal, aber wenn es wieder nicht akzeptabel ist, haben wir ein Problem.«

Morgen kam.

François ging um zwölf in die Mittagspause. François kam um dreizehn Uhr dreißig wieder.

»Wie war das Mittagessen?«
»Wir haben ein Problem.«
»Du liebe Zeit, kann ich etwas tun?«
»Es ist ein ernstes Problem, um das ich mich kümmern muss.«

»Haben Sie es angesprochen?«

»Ja. Wir haben uns darauf geeinigt, dass ich weder morgen noch sonst irgendwann jemals wieder dort essen werde und dass ich meinen Kollegen davon berichten werde.«

»Also gibt es keine Gnadenfrist?«

»Nein. Ich hatte schon öfter solche Probleme. In einem Restaurant war ich seit zwanzig Jahren nicht mehr.«

***

Das örtliche *bulletin municipal* heißt *L'Echo des Garrigues* und kommt ein paarmal pro Jahr heraus. Darin findet man den Plan der Müllabfuhr, Geburtstage, Todesfälle, Hochzeiten, Namen der Ratsmitglieder, die Öffnungszeiten der Poststelle, ein Gedicht oder zwei aus der Feder eines Barden aus dem Ort, die vollständige Finanzübersicht des Dorfes und ein Vorwort des Bürgermeisters. In diesem Vorwort werden meistens aktuelle Ereignisse zusammengefasst: Dinge, die man wissen sollte, und einige Zeilen, die Lesern ins Gedächtnis rufen sollen, wie wunderbar unsere Gemeinschaft ist. Einmal gab es dort jedoch recht harschen Tadel. Die Bewohnerinnen und Bewohner wurden in ernstem Tonfall daran erinnert, höflich und freundlich zu Neuankömmlingen zu sein – also zu denjenigen, die Ferienhäuser erwarben. Mit spitzem Bleistift schrieb er, dass sie (wir) Geld ins Dorf investierten, dass sie (wir) alte Häuser kauften, die die Alteingesessenen nicht wollten, und die Renovierungsarbeiten größtenteils an Firmen aus der Gegend vergaben.

Im Laufe der Jahre waren im *L'Echo des Garrigues* mehrere Beschwerden über knappe Parkmöglichkeiten eingegangen. Das ist ein wunder Punkt in Frankreich. Wenn man ein Auto hat, dann hat man auch das Recht, es so nah wie irgend möglich am eigenen Haus zu parken. In Causses scheint es nie genug Parkplätze zu geben. Sie haben einige schöne »verfallene« mittelalterliche Häuser abgerissen, um eine Fläche mit insgesamt zwölf Parkplätzen zu schaffen, aber es reichte immer noch nicht, und das »Einfahrt verboten«-Schild an der Place Jules Milhau wurde regelmäßig missachtet. Manchmal parkte dort ein halbes Dutzend Vans und Autos.

Vor Kurzem bin ich morgens vom Geräusch eines aufröhrenden Motors geweckt worden. Ein Auto setzte einen Zentimeter zurück, fuhr dann wieder vor und setzte abermals zurück, um durch den mittelalterlichen Bogen zu kommen, der selbst für ein nur mittelgroßes modernes Auto wenig Platz bietet. Ich sah mir die Aufführung mit einem Kaffee und einem Croissant an. Nachdem der Fahrer und alle anderen Insassen weg waren, ging ich hinunter und las einen über den Platz wehenden Zettel auf. Er war vom Rathaus und wies darauf hin, dass das Auto entfernt werden sollte. Andernfalls würde man die Polizei in Murviel verständigen, der Besitzer bekäme eine Geldstrafe und das Auto würde abgeschleppt werden. Die Wörter waren ziemlich verschwommen. Es war die Kopie einer Kopie einer Kopie. Ich sah etwas genauer hin. Oben auf der Seite stand ein Datum: April 2001.

8
EIN LEERER DACHBODEN

Vide-grenier – Pinkie Beaumont Mercedes-Farquharson –
Große und kleine Firmen – CHEZ NOUS –
Die Lösung des Bettwäscheproblems – Ein Kerzenleuchter

Wir mussten die alte Hütte herausputzen. Das Problem war nur, dass wir komplett pleite waren. Doch die Franzosen hatten eine Lösung. Auf dem Land ist man in Frankreich geradezu besessen von *vide-greniers* – nicht zu verwechseln mit *sous vide* (Vakuumgaren). Davon sind Köche mit zu viel Zeit besessen. *Vide-greniers* sind Trödelmärkte, die von Mai bis September auf Parkplätzen und Dorfstraßen auftauchen. *Vide-grenier* kann mit »leerer Dachboden« übersetzt werden (im Gegensatz zu *sous vide*, was »leere Geldbörse« bedeutet) und ist das Äquivalent zu dem, was man in den USA *yard sales*, im Vereinigten Königreich *car boot sales* und in diesem anderen Land namens Paris »Flohmarkt« nennt. Sie halten als Ausrede für einen Tagesausflug, einen Schwatz mit Freunden und Mittagessen auf Terrassenstühlen her. Kommen Sie bloß nicht auf den Gedanken, dass hier Geschäfte abgewickelt würden. Der Verkauf ist unwichtig. Das ist auch besser so, denn für eine alte Zahnbürste für 50 Euro oder ein Fahrrad ohne Vorderrad für 100 Euro wird sich niemand anstellen.

In Frankreich tut man sich schwer, zu einem gelungenen Geschäft zu gratulieren. Firmen, wie man sie aus dem angelsächsischen Raum kennt, gelten als wenig gewandt. Französische Präsidenten waren noch nie besonders angetan von angelsächsischen Geschäftstraditionen. Und zwar aus dem ganz einfachen Grund, dass sie nicht französisch sind. Der Albtraum der modernen französischen Gesellschaft ist es, von der englischsprachigen Welt verschluckt zu werden. Die Schotten fürchten übrigens dasselbe.

Kleine, lokale Firmen mit einer langen Geschichte werden genauso respektiert wie kleine Start-ups. Doch in Wahrheit ist es schrecklich, ein Start-up zu gründen. Versuchen Sie mal, einen Kredit für eine Firma zu bekommen. Man kriegt einen Gordischen Knoten vorgesetzt, die Hände gefesselt, und neben einem steht jemand mit einer Stoppuhr. Wenn man auch nur ein Konto eröffnen möchte, muss man alle möglichen Kunststücke vollbringen. Und Gnade dir Gott, wenn man auch nur um einen Euro überzieht. Auch wenn das auf gewisse Art und Weise gut ist. So bleiben die Schulden geringer als im Vereinigten Königreich oder in den Vereinigten Staaten, und die Leute sind generell weniger blasiert, was das Geld angeht. Der Nachteil ist, dass man kleingehalten wird und dazu angehalten, das System zu umgehen. Die französische Gesellschaft hat Regeln. *Ces sont les règles.* Aber diese Regeln gelten für die anderen, nicht für einen selber.

Einmal, im August, brauchte das Auto neue Reifen, also gingen wir zu der französischen Version von Kwik Fit, einem Autowartungs- und Reparaturunternehmen in England mit zahllosen Filialen, in Thézan. Wir warteten eine halbe Stunde, und währenddessen kam Joe McVey herein, der die ersten Bauarbeiten im Haus an der Place de L'Église Nr. 1 übernommen hatte und ebenfalls neue Reifen brauchte. Das war unser Glück, denn mit Duolingo-Wissen kommt man bei solchen Angelegenheiten nicht weit. Die richtigen Hinterreifen aus der Fülle an Gürtel- und Diagonalreifen auszuwählen – schon gut, ich habe keine Ahnung, wovon ich spreche, aber Sie verstehen schon, was ich meine –, ist sogar auf Englisch ein Albtraum. Ich benutzte jede Menge französischer Idiome und technischer Begriffe. Bevor Joe reinkam, versuchte ich mein Bestes, doch die Sekretärin sah mich an, als hätte ich gerade vorgeschlagen, die Frau des Besitzers zum Essen einzuladen. Habe ich vielleicht sogar wirklich. Ich war in der von Ortsansässigen betriebenen Zweigstelle einer Werkstattkette mit Niederlassungen im ganzen Land, also hatten wir hier die perfekte Mischung: die »der Computer hat Nein gesagt«-Mentalität einer großen Kette und die Angestellten aus der Gegend, die innerhalb weniger Minuten zu meinen Verwandten geworden waren. Unsere Reifen seien so schlecht, dass wir damit nicht mehr fahren dürften, sagte ein Firmenmitarbeiter, und es würde mindestens eine Woche dauern, den richtigen Ersatz zu bekommen. Ob mich jemand abholen könnte? Nein, ich wohne in Causses-et-Veyran und brauche ein Auto, erklärte ich. »Causses! Ah! Wie geht es Monsieur Baro? Und Patrick! Hat der noch das Stück Land in der Garrigue, auf dem er Partys veranstaltet? Wie geht es René? Und Sebastian? Hatte er letztes Jahr eine gute Ernte?« Die Managerin kam herein. Sie sprach kein Englisch, schüttelte Joe aber die Hand und unterhielt sich mit ihm. »Das ist Brigitte. Sie führt den Laden. Sie sagt, dass du dir ihr Auto ausleihen kannst«, gab mir Joe danach zu verstehen.

»Was?«

»Sie sagt, sie kann ihren Mann bitten, sie abzuholen, und du kannst dir ihr Auto ausleihen.«

Ehe wir uns versahen, wurden wir von einem jungen Mann von höchstens achtzehn Jahren mit Vollbart, Tattoos und einem breiten Lächeln zu einem brauchbaren kleinen Peugeot geführt. Er stellte sich als Claude vor. »Guter, französischer Name«, scherzte ich. Ich glaube, er antwortete so etwas wie »Ich werd schon reinwachsen«, aber er hatte einen derart breiten Akzent, dass er auch »Ich werd schon in die Breite wachsen« hätte sagen können. Wir fuhren mit dem Auto, das wir drei Tage lang kostenlos nutzen durften, vom Hof. Claude winkt mir immer noch zu, wenn wir ihn auf dem Weg zu Super-U sehen.

***

In Frankreich hat man nichts gegen geerbtes Vermögen, nichts gegen Schlösser und Adelstitel. Das hat das aufregende Aroma von Glück und Herablassung. Es ist beglückwünschenswert, wenn man reich geboren wird. Schon ziemlich komisch, wenn man bedenkt, dass die Ziele der Revolution, denen in der »Erklärung der Menschen- und Bürgerrechte« von 1789 ein Denkmal gesetzt wurde, immer noch als das höchste Gut der französischen Gesellschaft gelten. Dazu zählt auch das Ende der sozialen Hierarchie, das durch wirtschaftliche und rechtliche Gleichstellung erreicht werden soll. Da gibt es nichts zu diskutieren. Nur leider steht zwischen damals und der Gegenwart Napoleon Bonaparte. Napoleon hat viele dieser revolutionären Prinzipien in Stein gemeißelt. Er beschloss sogar, dass diese Prinzipien so gut seien, dass man sie voller Vorurteile mit dem Rest des Kontinents teilen müsste. Mit dem Ergebnis: sechs Millionen Tote, davon eine Million Franzosen. An Napoleon scheiden sich bis heute die französischen Geister. Als Plus hat er den Staatsrat eingeführt, das Rechts- und Verwaltungssystem sowie die Bank von Frankreich – allesamt Säulen des Staates. Als Minus hat er die Sklaverei in französischen Kolonien wieder durchgesetzt und gilt, weil er die Individualrechte von Frauen kippte, als führender Frauenhasser der französischen Geschichte. Was interessant ist, weil die »Bürger« in der »Erklärung der Menschen- und Bürgerrechte« nur Männer meinte. Auf der Plus-Seite hat er ein Bollwerk der politischen Rechten errichtet, auf der Minus-Seite ein Bollwerk der politischen Linken eingerissen.

So kam es, dass Napoleon die hinterhältigen Briten konsequent falsch verstand. Er dachte, sie wären bereit, sich vom Joch der Monarchie und der Aristokraten zu befreien, weil das für alle gelten musste, die etwas Selbstachtung hatten. Außerdem hatten die Franzosen das ja schon getan, also musste das auch für alle anderen das Richtige sein. Auf dieser Grundlage ging er davon aus, dass unterdrückte Bauern von Cornwall bis Culloden ihm in Scharen folgen würden, wenn er einmarschierte. Also verkaufte er die 2 144 476 Quadratmeter, die Frankreich in den USA besaß, für 15 Millionen Dollar (»Louisiana Purchase«) und finanzierte so die Vorbereitungen auf die Invasion Britanniens. Es mag wahnsinnig erscheinen, ist für ein kontraintuitives angelsächsisches Land jedoch typisch: Der Kredit über 15 Millionen Dollar wurde mit Genehmigung der britischen Regierung von der Barings Bank vergeben, die es für das kleinere Übel hielt, wenn die USA statt der feindseligen Franzosen das Land besaßen. Napoleon verstand einfach nicht, dass sich nur wenige Wochen nach der Ankündigung des verrückten Königs George III., er würde den Feldzug gegen den fiesen Frosch »Boney« höchstpersönlich anführen, 280 000 Männer der englischen Sache angeschlossen hatten. Auch innerhalb Britanniens gab es einigen Aufruhr. Einige Aristokraten hielten es nicht für eine aus Prinzip gute Sache, dass das Establishment gerade 280 000 Bauern mit haarigen Ärschen bewaffnet hatte.[6]

---

6 Die Geschichtsschreibung könnte heute ganz anders aussehen. Im Jahr 1785 wurde der damals sechzehnjährige zweite Lieutenant Napoleon Bonaparte von Korsika in der Ecole militaire in Paris ausgebildet. Der abenteuerlustige junge Mann heuerte bei einer wissenschaftlichen Expedition über den Pazifik an, die von Jean-François de Galaup, Comte de La Pérouse, angeführt wurde. Der junge Kadett kam in die engere Auswahl, wurde schlussendlich aber doch nicht mitgenommen. Die gesamte Expedition verschwand vier Jahre später vor der Küste Australiens.

Aber zurück zur Sache. Wenn man in Frankreich wirklich Geld verdienen möchte, sollte man des Ruhmes und des Status wegen Autor, Künstler oder, wenn man mag, auch Philosoph werden. Wenn es Not tut, kann man auch Bürokrat werden und in der Politik schnelles Geld verdienen. In Britannien, den USA, eigentlich bis auf Frankreich überall, wenn ich so darüber nachdenke, ist Buchhalter, Bankier oder Marketingleiter (was auch immer das sein soll) ein gutes Lebensziel. Im Vereinigten Königreich kann man ein Higher National Diploma in Business Studies an der Hendon Polytechnic machen, Geschäftsführer einer internationalen Firma werden und fortan als Experte für alles gelten.

»Was willst du mal werden, wenn du groß bist, Pierre?«

»Ein Philosoph.«

»Bravo, mein Junge. Hier hast du eine Pfeife, einen Tweed-Anzug und die Adresse eines guten Anwalts.«

***

Auf einem *vide-gernier* konnte man prima dies und das kaufen, um das Haus aufzupeppen. Hier trifft man jedes Jahr dieselben Verkäufer. Wenn man etwas kauft – egal was –, erinnern sie sich an einen, und man wird sogar ein, zwei Jahre später noch herzlich begrüßt. Wenn jemand 50 Euro für eine alte Zahnbürste oder 100 Euro für ein Fahrrad ohne Vorderrad bezahlt, dann erinnert man sich an den. Oder 62 Euro für eine wunderschöne mandarin-orangefarbene Siphonflasche aus den Dreißigerjahren, auf der der Name »R. Capiton« – ein schon lange aufgegebenes Café aus Beziérs – und die Worte »Bièrres & Boissons Gazeuses« eingraviert sind.

Ja, schon gut, schon gut.

Ich liebe das Ding. Ich habe versucht, R. Capiton zu finden, doch das gibt es nur noch im Nebel der Vergangenheit.

Das Problem, wenn man *trucs*, also Kram, auf den Märkten im Ort kauft, ist, dass man immer im Hinterkopf hat, man könnte es mit seinem Haus in die Style-Rubrik der Sonntagszeitung schaffen, die von Pinkie Beaumont Mercedes-Farquharson verantwortet wird (oder von Pinkie Beaumont und Mercedes Farquharson, da bin ich mir nie so sicher). Das sind die Irren, die Features mit Titeln wie »Gartenmöbel für unter 10 000 Pfund, die Sie einfach lieben werden«, »Stabile Stühle, die Sie weniger kosten als ein BMW 5er« oder »Hat Farrow & Ball das gewisse Etwas verloren? Individuelle Wandfarben, die Ihr Konto bei Coutts nicht ganz leer räumen« in Auftrag geben. Daneben stehen Interviews mit ihren Freunden, die »Kreative« sind und kleine, elegante Häuser in den Gegenden Frankreichs besitzen, die gerade total im Kommen sind. Dort stellen sie eine abgewrackte Wand (wunderschöne, unverputzte Steine), gelbliche, abblätternde Farbe (Ocker-Bruchglasur von Jocasta Innes), zerbrochene Bodenfliesen und Holzwürmer vor und zeigen, wie man seinem »Bolzenloch« einen Duft nach Lavendel und Akelei-Seife verpasst. In solchen Rubriken geht es immer um Kerzen und Düfte, weil diese Häuser sechs Monate im Jahr leer stehen und nach Abflüssen und Ruß riechen, wenn man sie das erste Mal wieder betritt. Außerdem sind diese Stylisten rätselhafterweise von meterhohen Gipsbuchstaben besessen, die »HOME« oder sogar noch besser »CHEZ NOUS« buchstabieren, von Guillotinen zum Baguetteschneiden, Kaffeemühlen aus dem 19. Jahrhundert (die vor Rost gar nicht mehr mahlen) und angeschlagenen Waschbecken mit undefinierbaren Flecken.

Um ehrlich zu sein, fällt Pinkies Bude bald auseinander. Das macht ihr aber nichts aus, weil sie daran gewöhnt ist, dass »das Mädchen aus dem Dorf« saubermacht, bevor sie, ihr netter Ehemann Marcus und der Rest ihrer liebreizenden Familie ankommt. Sie erinnern sich an sie? Das waren die, die zwei Kröten für die Ryanair-Flüge gezahlt haben. Das waren Pinkie und Marcus. Für 50 Euro ist gesaugt, sind Blumen in jedem Zimmer aufgestellt und ist eine Flasche Champagner von 8 à Huit in den Kühlschrank gelegt worden, noch bevor die Besitzer eingetroffen sind. Eine Woche lang wird das Haus wie das der britischen Haushaltsinfluencerin Mrs Hinch aussehen, doch so sicher wie Kater immer wieder an denselben Lavendelbusch pinkeln, wird auch der süße Duft der Abflüsse wieder Einzug halten.

***

Es gibt verschiedene Stufen von *vide-greniers*. Der Super-U-Parkplatz ist für Anfänger – Level eins, wenn man so will, wo man jede Menge Schnickschnack bekommt. Dann gibt es richtige Flohmärkte, bei denen der Inhalt eines Dachbodens einen Tag lang vor die Tür gestellt wird. Level zwei sind Dorf-*vide-greniers*, die einen Sonntag lang ganze Straßenzüge belegen und sich mehr nach einer *fête* anfühlen. Dafür sieht man ab März Poster auf allem, was nicht bei drei auf dem Baum ist. Zu diesen großen *vide-greniers* kommen auch professionelle Verkäufer, die bessere Ware anbieten und deren Preise »gar nicht so schlecht« sind. Es gibt Crêpe-Stände, und *vignerons* (Winzer) aus dem Ort bieten Gratis-Kostproben und Flaschen zum Verkauf an. Die Jeunesse dorée aus dem Ort jagt auf ihren sehr lauten, sehr langsamen Rollern durch die Straßen. Man findet einen guten *vide-grenier* in Thézan auf dem Weg nach Béziers und samstags einen in Saint-Chinian. Natürlich gibt es diese Flohmärkte auch in anderen Orten, aber man trifft überall dieselben Verkäufer mit denselben Sachen, also reicht es auch, wenn man sich einen aussucht. Dann hat man sie alle gesehen.

Und dann sind da noch die richtigen Märkte wie der in Pézenas und der in Béziers. Der in Béziers findet einmal die Woche statt, immer am Dienstagmorgen. Er ist klein, aber etwas ganz Besonderes. Die Stände werden in den Les Allées Paul-Riquet im Zentrum aufgebaut, in direkter Nähe zum Theater von Béziers, das aus einem Wes-Anderson-Film stammen könnte. Paul Riquet ist nicht zu verwechseln mit Paul Ricard, der seinen Namen 1975 an den Pastis vermacht hat. Riquet ist der Typ, der den zwischen 1662 und 1681 erbauten Canal du Midi geplant hat. Eigentlich hieß er mal Canal royal en Languedoc, wurde nach der Revolution aber in Canal du Midi umbenannt. Der Kanal ist eine Meisterleistung der Ingenieurwissenschaft, der so viel Geld und Mühe gekostet hat, dass Riquet bankrott und am Ende seiner Kräfte war und sieben Monate vor der Fertigstellung starb. Er hatte sein Vermögen gemacht, indem er mit Erlaubnis von Ludwig XIV. die Salzsteuer eintrieb, und beide hatten großes Interesse daran, den Kanal fertigzustellen, damit die Waren nicht um ganz Spanien geschifft werden mussten, wenn sie von der Atlantik- an die Mittelmeerküste Frankreichs gebracht werden sollten. Der Kanal ist 240 Kilometer lang und verbindet den Étang de Thau – wo Austern gezüchtet werden – mit Toulouse, wo er in den Canal de Garonne mündet.

Der Markt in Béziers ist klein, aber die Sachen dort von guter Qualität. Wer auf Bettwäsche Wert legt, wird hier auf seine Kosten kommen. Auf dem Land in Frankreich pflegte man seit jeher Tisch- und Bettwäsche aus Leinen zu sammeln. Sie vermittelte den Besitzern ein Gefühl von Luxus, den sie sich leisten konnten. Nach Haushaltsauflösungen findet man ganze Stapel auf den Verkaufstischen, zu Brettern gestärkt, straff gefaltet, fast unbenutzt, weil man sie immer für besondere Anlässe aufgehoben hat.

Der Markt in Pézenas lässt die Herzen der Besucher höherschlagen. Alle sechs Monate findet dort eine große Antiquitäten-Messe statt, die zwar wie ein *vide-grenier* aussieht, aber mit einem Super-U-Parkplatz in etwa so viel zu tun hat wie Sotheby's mit einem Oxfam-Laden. Ich sollte wohl noch erwähnen, dass Pézenas überhaupt nichts mit L'Isle-sur-la-Sorgue zu tun hat. Der Markt in Pézenas hat noch etwas Selbstachtung.

Sie riegeln die ganze Stadt ab, und die Polizei sorgt dafür, dass Autos so weit draußen parken, dass man glaubt, Fußballfans wären alle in dieselbe Richtung unterwegs. Es gibt Akkordeonspieler und diese peruanischen Panflöten-Gruppen, die Scharen tanzender Kleinkinder anzulocken scheinen. Den Kern des zweimal jährlich stattfindenden Marktes von Pézenas bilden dauerhafte Antiquitäten-»Lagerhäuser«. Hier gibt es auch architektonisch einiges zu bestaunen. Teuer sind die Sachen, das sollte man bedenken, aber sie sind gut.

Also besuchten wir den *vide-grenier*, um Dinge zu suchen, mit denen wir unser Haus französischer gestalten konnten, doch alles, was uns gefiel, hatte klischeehafte Pinkie-Proportionen. Also suchten wir selber nach Einrichtungsgegenständen, sodass alles im Haus eine eigene Geschichte hat. Das Waschbecken im Badezimmer aus Naturstein haben wir im Internet gekauft. Die Leuchten im Wohnzimmer kommen aus einer Fabrik bei Southampton. Der riesige Spiegel neben den Leuchten aus Leeds. Auf den Terrassentisch bin ich sehr stolz. Er besteht aus einer alten Tür, die mal in der Bar eingebaut war und in die ich drei Delfter Fliesen aus dem 18. Jahrhundert eingelassen habe – die Idee hatte ich von einem Tisch im Le Lézard Bleu geklaut, einem Restaurant oben in den Bergen. Die Tür stand eines Abends gegen die Wand gelehnt und wartete auf die Entsorgung. Ich fragte den Besitzer der Bar, René, ob ich sie haben könnte. Und weil ich ein Kopfnicken erhielt, wuchtete ich sie mit meiner lieben Freundin Gail nach Hause. Ich nenne den Tisch immer Gails Tisch.

Dann ist da noch der Kronleuchter aus flämischem Messing (ich glaube, dass es Messing ist, aber es könnte auch Bronze sein). Unsere alten Freunde Stephen und Françoise hatten uns angerufen. Françoise' Eltern waren französischsprachige Belgier und nach Dover gezogen, wo sie aufgewachsen war. Ihr Vater war Hobby-Antiquitätensammler und lagerte einige der größeren Sachen in der Scheune ihrer Schwester in Kent, die meinte, sie hätte einen alten Messingkronleuchter, aber sicher wäre sie sich nicht. Wenn wir ihn abholten, könnten wir ihn haben. Ausgezeichnet. Wir mussten den großen Raum im Treppenhaus füllen, der einst der Taubenschlag gewesen war. Wir fuhren runter und begutachteten den riesigen Kronleuchter noch in der Einfahrt. Er war ganz schön zugerichtet. Schwarz war er und hatte überall alte Kabel, die darauf hindeuteten, dass er noch aus der Zeit vor der Erfindung der Elektrizität stammte. Die Plastikkerzen steckten in den Original-Halterungen, die einst das Wachs auffangen sollten, die jetzt aber voller schrecklicher Löcher waren, durch die die Kabel liefen. Françoise' Schwester sagte uns, der Kronleuchter stamme aus einer Kirche und sei schon in diesem Zustand gewesen, als ihr Vater ihn vor mehreren Jahrzehnten gekauft hätte. Direkt unter dem Haken, wo die Kette angebracht wird, befindet sich eine Madonna mit dem Jesuskind auf dem Arm. Eine Hand streckt sie mit der Handfläche nach oben aus. Der Leuchter wog eine Tonne, und wir schafften es gerade so, ihn in den Kofferraum zu hieven. Als wir wieder daheim waren, schleppte ich ihn irgendwie ins Wohnzimmer, trat einen Schritt zurück und dachte mir: Junge, Junge, ich sollte ihn einfach wegwerfen.

Ein paar Tage lang kreiste ich um den Kronleuchter und stupste ihn mit einem metaphorischen Stock an, bevor ich beschloss, ins kalte Wasser zu springen, und ihn im Flur auf den Boden stellte. Erst durchtrennte ich alle Kabel, danach drehte ich die Birnen in den falschen Kerzen heraus. Als ich mir den Rest genauer ansah, fiel mir auf, dass jeder der zwölf Arme von kleinen Messingstiften gehalten wurde und dass auf jedem eine Nummer eingraviert war, die sich auch auf dem Mittelstück des Leuchters wiederfand. Ich löste die Stifte und entfernte die Arme, die Deckschale und Kerzenfassungen ließen sich problemlos entfernen. Einige Stunden später lag das Ungetüm vor mir wie ein auseinandergebautes Modellflugzeug. Die Madonna und das Kind sind gut gemacht. Ich probierte herum und stellte überrascht fest, dass man bei beiden jeweils die Hand und den Arm abschrauben konnte. Auch diese Teile waren Qualitätsarbeit. Man konnte das Jesuskind selbst jedoch nur so weit drehen, bis es in der richtigen Position war.

Jetzt kam der fiese Teil. Ich hatte mich im Internet schlau gemacht und herausgefunden, dass man diesen Leuchter reinigen musste, indem man Essig und Salz in eine Plastikschüssel füllte und zu einer Paste verrührte. Es war, als würde ich ein Nervengas herstellen. Die Dämpfe waren beißend, und ihr Geruch ähnelte entgegen meinen Erwartungen so gar nicht dem von Walkers Chips.

Ich begrub drei Arme in der Paste und verließ für einige Stunden den Raum. Als ich zurückkam, erlebte ich ein Wunder. Nicht so eins mit Broten und Fisch. Ein besseres. Unter der schwarzen Farbe verbarg sich wunderschönes goldenes Metall. Es war matt, doch nachdem ich mich mit etwas Armkraft und Politur daran gemacht hatte, strahlten die Arme wie Sonnenschein. Ich war begeistert.

Es dauerte etwa eine Woche, alles zu reinigen und den Kronleuchter wieder zusammenzubauen. Und damit meine ich eine volle Arbeitswoche. Außerdem brauchten wir etwa zehn Kilo Salz und fünf Liter Essig. Bis ich das Schwarz von meinen Händen geschrubbt hatte, vergingen Monate. Einige Tage, nachdem ich begonnen hatte, schlug Kaz mir im Tonfall einer geduldigen Mutter vor, dass ich zum Putzen doch Gummihandschuhe anziehen könnte. Doch ich hatte nur Augen für diesen wunderbaren Leuchter. Einzig die Löcher, die man in die Wachsschalen gebohrt hatte, störten.

Nachdem ich mit der Reinigung fertig war, war mein Interesse so geweckt, dass ich mich mal umhörte. Diese Leuchter waren wohl ab dem 15. Jahrhundert in Dinant in Belgien hergestellt worden – ein ähnlicher, wenn auch kunstvollerer ist auf dem Gemälde »Arnolfini-Hochzeit« von Jan van Eyck zu sehen. Man stellte sie bis ins 20. Jahrhundert dort her. Ich schickte ein Foto an einen Verkäufer aus Holland. Unser Exemplar stammt offenbar aus dem mittleren bis späten 19. Jahrhundert und wurde vermutlich für eine katholische Kirche in Auftrag gegeben, da doch eine Madonna ihn ziert. Die große Messingkugel unten am Kronleuchter soll das Licht der Kerzen reflektieren.

Wenn man oben auf der Treppe steht und in den *grenier* gehen will, hängt der Kronleuchter jetzt auf Augenhöhe. François, der Bauarbeiter, behauptet, dass die Anbringung einer der schlimmsten Aufträge gewesen sei, die er je gehabt hatte. Ich habe weiße Kerzen hineingesteckt, und der Madonna scheint ihr neues Heim zu gefallen. Der Händler, den ich kontaktiert hatte, hat uns ungefragt auch einen Auktionspreis genannt. Ich war schockiert, rief Françoise und Stephen an und sagte ihnen, sie müssten ihn zurücknehmen. Sie lehnten ab. Ich kann mir gut vorstellen, dass er an seinem neuen Platz hängen bleibt, bis das Haus zusammenbricht.

9
EIN STURM UND DER HIMMEL

Morgen – Ein schöner Tag – Regionale Eigenheiten von Häusern –
Die Ruhe vor dem Sturm – Sonnenuntergang über den Bergen –
Die Perseiden – Der Mond

Wir hatten nicht die leiseste Ahnung, dass ein Sturm aufzog. Der Himmel war so blau, wie er die letzten Wochen auch gewesen war (so war es uns jedenfalls gesagt worden); es ging ein leichter, freundlicher Wind. Als ich an jenem Morgen Brot kaufen war, unterhielt ich mich mit Maria. Ich glaube, sie sagte etwas über Regen, aber ich habe nur wie immer gelächelt und »*Oui*«, »*Vraiment?*« oder etwas in der Richtung gesagt. Ich habe ihren Akzent immer noch nicht entschlüsselt. Die Hälfte ihres Vokabulars auch nicht, wenn ich ehrlich bin. Ich schlenderte an der Bar vorbei, bonjourte den Altherrenklub, der sein Lager wie immer strategisch an der Ecke aufgeschlagen hatte, um die Fahrer vorbeirasender Autos einzuschüchtern, egal von welchem Ende des Dorfes sie kamen. Sie wünschten mir einen guten Morgen und blickten zum Himmel. Ich tat es ihnen gleich und lächelte wieder, ohne auch nur den Hauch einer Ahnung zu haben, was sie sich ansahen oder wovon sie sprachen. Vermutlich sagten sie so etwas Belangloses wie:

»Nächstes Mal lasst uns auf die Straße zeigen und etwas über den Zustand der russischen Wirtschaft bemerken.« Ich ging um die Kurve und zurück durch den Bogen, wo ich Derek und Maureen traf. Sie hatten vor einem Jahr die alte Bäckerei gekauft, was sich als großes, einschüchterndes Renovierungsprojekt herausstellte. Wir hatten sie getröstet, als sie uns die verhunzte Dachterrasse gezeigt hatten, die ihnen ein unzuverlässiger Bauarbeiter beschert hatte. Bis auf die Terrassenverhunzung hatten sie alles selber gemacht und vom ganzen Dorf viel Lob für ihre Ausdauer erhalten. Sie arbeiteten im *cave*, als ich vorbeikam. Sie machten eine Pause und traten vors Haus. Beide waren von oben bis unten mit Baustaub bedeckt. Sie waren immer mit Baustaub bedeckt.

»Im Dorf ist heute ganz schön was los«, sagte ich.

»Wegen des Regens später?«, fragten sie.

Ich blickte gen Himmel. »Das Wetter sieht gut aus. Wir gehen heute Nachmittag schwimmen.«

Sie luden uns für die nächsten Tage unverbindlich auf einen Drink ein, und ich ging weiter, die Rue des Porches hinunter.

***

Es war unser erster Aufenthalt hier, nachdem die Baumaßnahmen von zwei Stockwerken abgeschlossen waren, und wir wohnten erst ein paar Tage an der Place de l'Église Nr. 1. Es gab so einige Geräte, die wir noch nicht verstanden. Die Tauchsieder schienen ständig an zu sein, und aus dem Wasserhahn kam mal heißes, mal kaltes Wasser, egal wie man ihn einstellte.

Neuankömmlinge wissen nicht, wie unterschiedlich Haushaltsgegenstände von Land zu Land sein können. Nehmen wir zum Beispiel ein Waschbecken im Bad. Das hat einen Wasserhahn und der hat einen Regler. Wenn man ihn etwas aufdreht, fließt kaltes Wasser mit voller Geschwindigkeit raus, aber wie man heißes Wasser kriegt, bleibt ein Rätsel. Man wartet dreißig

Sekunden – und es bleibt kalt. Nach einer weiteren Minute ist es sogar noch kälter geworden. Drehen Sie schließlich den Wasserhahn mehr auf, bleibt der Wasserstrahl jedoch gleich, und erst wenn man sich die Hände verbrannt hat, wird einem klar, dass man mit dem Regler nicht die Stärke des Wasserstrahls kontrolliert, sondern die Temperatur. Genauso funktioniert das mit Fenstergriffen, Türschlössern und allem Möglichen. In dem Moment denkt man, man wird es schon schaukeln. Doch dann, wenn das Wetter umschlägt, erkennt man, wie falsch dieser Gedanke war.

Den ganzen Tag über lag die Temperatur um die dreißig Grad. Ohne dass wir es merkten, veränderte sich die Farbe des Himmels. Im Norden türmten sich Wolken auf, und die Linie zwischen ihnen und dem Blau des Himmels war so gerade, als wäre sie mit einem gigantischen Lineal gezogen worden. Wir dachten uns nichts dabei und verbrachten den Tag am Fluss. Gegen sechs waren die Wolken weiterhin hinter ihrer Linie, und wir dachten uns immer noch nichts dabei. Wir breiteten das Abendessen zu und beobachteten den Sonnenuntergang und die jagenden Fledermäuse, die wie schwarze Korken aus den Scheunentoren gegenüber schossen.

Manchmal verirrt sich eine Fledermaus von der Place Jules Milhau in unser Schlafzimmer, kreist unter der Decke flatternd durch den Raum und über unserem Bett. Wir machen dann das Licht aus, und sie hängt sich kopfüber an einen unserer Deckenbalken. Augenblicklich schleichen wir uns an. Manchmal sind wir so nah, dass sich unsere Nasenspitzen berühren. Sie schauen ein paar Sekunden lang irritiert aus der Wäsche. Ihre Gesichter erinnern mich an einen Zwergspitz. Schließlich fliegen sie von dannen, ein schwarzer Blitz, der aus unserem Fenster schießt.

Bevor die Fledermäuse wach werden, passiert es hin und wieder einem der Mauersegler – es sind so viele, dass ich schon gehört habe, wie jemand die Place de l'Église Nr. 1 *lotissement de mertinets* (Wohnsiedlung mit raschem Bewohnerwechsel) nannte –, dass er seinen Landeplatz verfehlt, durch unser Fenster rauscht und drinnen in Panik verfällt. Im Gegensatz zu Fledermäusen haben Mauersegler kein Echolot, werden immer kopfloser und verheddern sich in den Musselin-Vorhängen im Badezimmer. Ich spreche flüsternd mit ihm, während ich ihn entwirre, und halte ihn bestimmt, aber vorsichtig fest, bis er frei ist.

Aus der Nähe betrachtet sind Mauersegler wahre Wunderwerke. Dünne Beinchen. Der lateinische Name lautete *Apus apus*, was aus dem Griechischen kommt und sich aus dem Präfix *a* (»ohne«) und *pous* (»Fuß«) zusammensetzt. Und ihre Flügel. Sie sind eineinhalbmal so lang wie ihre Körper, dünn und spitz, wie von der Werkbank eines Pfeilmachers. Ein winziger Schnabel, hinter dem sich ein riesiges Maul verbirgt, mit dem sie im Flug Insekten fangen. Sie sehen aus, als würden sie von Ohr zu Ohr grinsen. Ich gehe vorsichtig zum Fenster, öffne meine Faust und sehe zu, wie jeder von ihnen wie aus der Pistole geschossen davonfliegt. Selbst Tage später bin ich noch beschwingt. Was für ein Glück ich habe. Wie viele Menschen sehen einen Mauersegler je aus der Nähe? Davon, sie in der Hand zu halten, ganz zu schweigen.

***

Der Abend ging in die Nacht über, die Dunkelheit war so angenehm, dass wir in die Weinberge spazierten und erst gegen Mitternacht zu Bett gingen. Am Himmel glitzerten die Sterne. Die Luft war schwer und heiß, also öffnete ich alle Fenster und Fensterläden, bevor ich ins Bett ging, seufzte und schlief fast sofort ein.

Einen Augenblick später – zwei Stunden später – gab es einen gewaltigen Knall. Ich sprang auf, fest davon überzeugt, dass ein Flugzeug auf dem Dach gelandet war.

»Was zum Teufel war das?!«

Es knallte erneut, ein Blitz, Regen prasselte auf den Boden, der Wind klapperte an den Fensterläden. Mehr Blitze und noch mehr Knallen von Holz auf Stein hallte über Jules Milhau und Église. Kaz stand auf und schaute nach den Kindern. Ich steckte den Kopf unter das Kissen. Dann hörte ich, dass George aus vollem Halse schrie: »Ich kann die Türen nicht schließen!« Ich rannte die Treppe rauf und sah, dass der *grenier* unter Wasser stand. George stemmte sich gegen die Ausgänge, die auf die Dachterrasse führten, um sie zu schließen, wobei Wasser durch die Lücke zwischen Türen und Boden schoss.

»Sie sollten sich aber schließen lassen!«, rief ich.

»Ich krieg's jedenfalls nicht hin.«

»Lass mich mal schauen«, brüllte ich.

Als George zur Seite ging, flogen die Türen auf und ein halber Fluss rauschte mir entgegen. Sofort befand ich mich in derselben Position wie mein Sohn vor fünf Sekunden: Mit dem Rücken drückte ich die Tür zu, während ein Sturzbach sich über den Boden und die Treppe hinunter ergoss.

»Klemm den Stein da unter die Tür, damit sie zu bleibt!«, schrie ich.

Ich hielt die Tür zu, und George schaffte es, einen Stein unter sie zu schieben, doch sie schloss immer noch nicht richtig und es drang weiter Wasser ein.

»Der Haken muss kaputt sein.« Ich ließ den Blick durch den *grenier* schweifen. Wasser lief die Dachpfannen herunter. Das Gewitter war direkt über uns. Auf den Donner folgte sofort ein Blitz. Spannend war das. Ich war klatschnass und grinste über beide Ohren. Draußen tobte der Wind inzwischen.

»Verdammt noch mal, Mann. Beeil dich«, befahl ich in meiner besten Russell-Crowe-als-Captain-Aubrey-Stimme, die nicht besonders gut war.

»O, Mist«, schimpfte George genervt, als Wasser seine Knöchel umspülte. Ich verstand sein Problem. Sein Bett war drauf und dran, sich schwimmend zu verabschieden.

Etwa eine Minute später hatte ich noch mehr Steine gegen die Tür gelehnt, und der reißende Strom war zu einem Rinnsal geworden, aber wasserdicht war meine Konstruktion keinesfalls. Vorsichtig ging ich die nassen Stufen hinunter, um mir einen Eindruck davon zu verschaffen, wie es in unserer Seenlandschaft aussah, die wir Zuhause nannten. Kaz und Freya hatten es geschafft, alle Fensterläden zu schließen, doch das Innere war gründlich nass geworden. Draußen heulte immer noch der Sturm, aber viel mehr konnten wir nicht tun.

George zog in das Schlafzimmer im Erdgeschoss, und wir beschlossen, dass wir den Sturm am besten aussaßen. Langsam zog er weiter, der Regen ebbte ab, Blitz und Donner grollten jetzt über den Bergen, und irgendwann döste ich weg.

***

Mit einem Ruck wachte ich auf. Verdammt. Ich erinnerte mich an den Weltuntergang letzte Nacht, stolperte aus dem Bett und öffnete die Fensterläden. Wunderbar warmer Sonnenschein flutete herein, und heiße, dumpfige Luft folgte. Ich lehnte mich aus dem Fenster und blickte auf die Place Jules Milhau. Sie war knochentrocken. Ich ging in den Flur, und ein kleines, schnell verdunstendes Pfützchen war alles, was von der Flut noch übrig war. Als ich die Stufen zum *grenier* erklommen hatte, fand ich ihn völlig trocken vor, und nachdem ich die Tür zur Dachterrasse geöffnet hatte, die im hellen, freundlichen Sonnenlicht lag, konnte ich auch dort keinen Tropfen Wasser finden. Ich begutachtete die widerspenstige Tür und überlegte, dass ich die von jemandem reparieren lassen musste. Ich probierte daran herum und stellte fest: Man öffnete sie, indem man die Klinke runterdrückte. Man konnte die

Klinke aber auch hochziehen. Merkwürdig. Ich probierte es noch mal. Da schwante mir, dass die Tür gar nicht kaputt war. Um sie zu schließen, musste man die Klinke hochziehen, um sie zu öffnen, musste man sie runterdrücken. Das kann man ja auch nicht wissen, wenn man sein Leben lang nur Schlösser und Klinken aus Sheffield gekannt hat, oder?

***

Das Wetter um Causses hat, betrachtet man ganz Frankreich, die extremsten Schwankungen. Nicht nur gibt es hier die heißesten Sommer, sondern auch die stärksten Winde. Man hat es außerdem mit beachtlichen Gewittern zu tun – wie wir später erfahren sollten, war unser Gewitter in jener Nacht ein Kinderspiel –, mit Hagelstürmen, die den Lack von Autos beschädigen, und gelegentlichen Hochwassern. Ein paar Jahre, bevor wir im September 2002 herzogen, fiel an nur einem Tag so viel Regen, dass eine handfeste Flut entstand. Ein Damm brach, mehr als zwanzig Menschen starben, und die Weinberge standen unter Wasser, sodass die Ernte ausfiel. Hochwasser sind mittlerweile besonders in Saint-Chinian ziemlich häufig. Und 2018 hatten wir sogar einen Schneesturm. Morgens fiel genug Schnee, um auf dem Parkplatz Schnee-Engel zu formen und in der Bar Glühwein zu bestellen. Am Nachmittag war es, als hätte es den Schnee nie gegeben.

Die Sonnenuntergänge hier sind ein kleines Juwel. Sie dauern nur etwa zehn Minuten. Aber wenn sich die Wolken am Ende eines heißen Tages über den Bergen ballen, dann geht der Himmel in Flammen auf. Feuriger als der feurigste Science-Fiction-Farbverlauf, der sich von Moment zu Moment verändert, sanfte Bernsteinfarben, Rot, Purpur und Gelb vor einem saphirblauen Himmel, der langsam ins Schwarze übergeht. Dann tauchen die Sterne auf, und näher werde ich einer Nacht in der Sahara wohl nicht kommen. Es gibt keine Lichtverschmutzung, die Sterne stehen über den Baumwipfeln und bilden eine große, glitzernde Decke: Orion, der Große und der Kleine Bär, Arcturus, Beteigeuze, Sirius, Rigel, Vega, Capella, Canopus, Prokyon, Mars und Venus und Saturn. Mehr Sterne als Sand am Meer.

Bis Mitte August kann man sie abends am besten sehen. Dann bieten uns die Gestirne so einiges. Die Perseiden zum Beispiel sind schon seit dreißig Jahren Bestandteil meines Lebens, seit wir das erste Mal in die Provence fuhren und bei Anne gewohnt haben. Wir saßen auf ihrer Terrasse, der weitläufige Luberon war die Bühne, und Spuren leuchtenden Sternenstaubs durchzogen die tiefschwarze Nacht. Manchmal bis zu zehnmal pro Minute, und die Laufbahn einiger Meteoriten war so flach, dass sie mehrere Sekunden ein helles Band zwischen Roussillon und Apt spannten.

Jetzt liegen wir auf unserer Terrasse und blicken nach oben. Manchmal sehen wir gar nichts, manchmal ein paar Sternschnuppen. Ab und an leuchtet der Himmel auf, als ob Gott Eisenspäne ins kosmologische Feuer geworfen hätte.

***

Vor ein oder zwei Jahren wurde ich eines Nachts im Frühling wach. Durch das weit offene Schlafzimmerfenster kam weißes Licht herein. Verwirrt setzte ich mich auf, und als ich den Schlaf abgeschüttelt hatte, erkannte ich, dass es vom hellsten Scheinwerfermond kam, den ich je gesehen hatte. Ich stand auf, trat wie ein Pilger auf dem Weg zu den Sternen in das Rechteck und blickte hinauf zu diesem großen, atemberaubenden Dreiviertelmond. Ich atmete das Licht ein. Es war so rein, klar und reinigend, dass es mir wie das einzig Richtige erschien. Dann ging ich wieder zum Bett und weckte Kaz sanft auf. »Schau dir den Mond an«, sagte ich. Ich nahm ihre Hand, und wir tanzten langsam im Mondlicht.

Später, als sie wieder eingeschlafen und ihr Atem wieder regelmäßig geworden war, flüsterte ich:

»Come a little bit closer
 Hear what I have to say…
Let's go dancing in the light
We know where the music's playing
I want to see you dance again,
Because I'm still in love with you.«

Dann traten mir Tränen in die Augen. Es waren Tränen des Glücks und Tränen der Trauer.

10

BIENVENUE

La Mouche – Cébenna, la femme allongée – Olargues –
Die Pététas von Murviel – Mas des Dames – Mittagessen

Wenn man runterfährt, um uns zu besuchen, kommt ein Moment, da merkt man, dass man angekommen ist. Nachdem man Béziers umfahren hat, geht es auf die D154, die Route de Corneilhan, die nach Murviel führt. Man lässt La Ferme Biterroise rechts liegen – »Biterrois« nennt man die Einwohner von Béziers –, und etwa einen Kilometer weiter sieht man links zwei große Schilder. Auf einem steht »La Mouche« – das man nicht mit der französischen Version der britischen Fernsehserie *Fleabag* von Phoebe Waller-Bridge verwechseln sollte, die, trotz der talentierten Camille Cottin aus *Call My Agent!* (*Dix pour cent*), nicht gut geworden ist – und auf dem anderen ist Werbung für die »Domaine Pradines le Bas«, ein Olivenanbaugebiet. Ein, zwei Tage nach Ihrer Ankunft machen wir einen Ausflug nach La Mouche, dem Kunstatelier, das man an der Cork Street in London, aber nicht unbedingt in der französischen Provinz erwarten würde. Hier sagt man dazu:»Drei Ausstellungsräume und ein Park voller Skulpturen und mittendrin ein Olivenhain und eine

Ölmühle. In La Mouche kommen Natur und Kultur zusammen.« Wenn an diesem Ort eine Ausstellung eröffnet wird, organisieren wir uns irgendwie eine Einladung. Man zieht gute Schuhe und einen Anzug oder ein Kleid an, denn dort trifft man die *beau monde* von Béziers. Wenn man nichts für zeitgenössische Kunst übrig hat, gibt es immer noch das Olivenöl. Teuer, aber hervorragend. Schade, dass Corinne nicht mehr da ist. Sie kannte sich mit Olivenöl aus und wusste auch beim Thema Kunst, wovon sie sprach. Zum Glück ist sie nicht weit weg. Sie arbeitet jetzt für die Domaine de Météore in der Nähe von Causses, wo die Weinreben in einem Meteorkrater wachsen, der dort vor etwa 10 000 Jahren entstand. Gemeinsam mit Nicholas Delorme leitet sie dort das Restaurant namens Le Cratère Domaine du Météore. Man sagt, dass das Essen dort gut sei. Wir sollten mal hinfahren.

Wenn man an La Mouche vorbeifährt, kommt ein paar Kilometer weiter, nach einer Rechtskurve, die Gebirgskette Montagne Noire, die sich plötzlich aus der Ebene erhebt. Das sollte man sich nicht auf Street View anschauen, da wird man nur enttäuscht. Man muss es selber sehen. Wie John Steinbeck über die kalifornischen Redwoods sagte: »Hat man die Redwoods einmal gesehen, hinterlassen sie einen Eindruck oder erzeugen eine Vision, die man nie wieder los wird. Niemand hat einen Mammutbaum jemals überzeugend gemalt oder fotografiert.« Dasselbe Gefühl habe ich, wenn ich über den Gebirgskamm fahre, und die Ebene – *là-bas* – sich vor mir ausbreitet.

Direkt hinter der Kurve wartet ein Rastplatz, wo man sich eine Verschnaufpause gönnen sollte. Rechts liegt das Dorf Corneilhan, es ist typisch französisch: Um den Hügel herum stehen alte Häuser und oben drauf eine Kirche. Als ich etwa achtzehn war, bin ich mit einigen Klassenkameraden und meinem besten Freund Martyn Grayer, dem Lustigsten und Gescheitesten von uns, in die Bretagne gefahren. Am Ende saßen wir mit einigen französischen Mädchen in einer Bar. Ich war der Ruhige, der gebildet sein wollte, aber einfach nur langweilig war. Matt – wir nannten ihn Matt Emulsion, weil er während der Ferien Geld mit Inneneinrichtung verdiente – plapperte vor sich hin und fragte eines der Mädchen, die passables Englisch sprach, wo sie herkam. »Aus einem kleinen Dorf in der Bretagne namens… das kennst du eh nicht.«

Matt antwortete prompt. »O doch, das kenne ich. Das ist das mit der schönen normannischen Kirche und dem Platz auf dem Hügel.«

Sie war hin und weg. »Ach wie wunderbar, du kennst es ja wirklich!«

»Natürlich«, sagte Matt. »Die Post ist in der Nähe der Bar, richtig?« Jetzt war sie restlos begeistert.

Später fragte ich ihn, woher zum Teufel er dieses Dorf kenne. Er sah mich mitleidig an. »Jedes kleine französische Dorf hat eine Kirche auf einem Hügel, einen Platz, eine Bar und eine Post.«

Links kann man an einem klaren Tag die Pyrenäen und den Pic du Canigou mit seiner weißen Spitze sehen, die in den Wolken verschwindet. Wenn man geradeaus schaut und genau hinblickt, erkennt man zwischen den Spitzen des Mont Caroux, dem südlichsten Teil der Cevennen, etwas, das nach einem großen liegenden Menschen aussieht, der in den Himmel sinniert. Das ist Cébenna, *la femme allongée*, die von den Bergen eingeschlossen wird und sich über Olargues erhebt. Olargues ist eines der schönsten Dörfer in Frankreich und vermutlich mein Lieblingsdorf – nicht, dass ich sie alle besucht hätte, um einen Vergleich anstellen zu können, aber Sie verstehen schon. Abende, die man in Olargues verbringt, sind besonders kostbar. In Olargues will ich mich nie auf die Rückreise machen. Die beeindruckendste Sehenswürdigkeit ist der Pont du Diable, die Teufelsbrücke, eine überraschend zerbrechliche mittelalterliche Konstruktion. Ein Bogen, der kaum so aussieht, als ob er stehen könnte, und doch seit 800 Jahren genau das tut. Die weisen Bürger von Olargues haben die Brücke genauso gelassen, wie sie erbaut wurde, also gibt es kein Geländer. Wenn ich oben draufstehe und die ungefähr dreißig Meter hinab auf den Fluss Jaur blicke, kriege ich Herzflattern. Der Fluss ist voller Fische, Heringe essen dort zu Abend, und wenn man genau hinsieht, erspäht man vielleicht sogar einen blauen Blitz, wenn ein Eisvogel über das Wasser schießt, sich auf einem Ast in der Nähe der Brücke niederlässt und dann ebenfalls etwas Essbares sucht. Hebt man den Kopf und schaut nach oben, sieht man den Glockenturm, der so hoch ist, dass der Schwalbenschwarm, der ihn im Frühsommer oft umkreist, wie Mücken aussieht.

Von Olargues aus kann man Cébennas Kopf durch die Bäume sehen, der nicht mehr als ein kantiger, hoch aufragender Felsen ist. Aber von der Rue de Corneilhan sieht es wirklich so aus, als hätte man einen gigantischen Körper in den Gneisfelsen geschlagen. Die Legende von Cébenna ist eine der großen Geschichten des Languedoc. Legenden haben viele Leben, und hier handelt es sich um meine Lieblingslegende. Sie basiert auf der griechischen Mythologie und mischt etwas Lokalkolorit rein:

In einer Zeit vor der unsrigen, als Zeus gegen die Titanen kämpfte, waren Réa und Cébenna des Krieges müde und desertierten. Sie fanden am Berg Caroux Zuflucht und verliebten sich. Sie lebten ruhig und abgeschieden. Eines Tages fischte Réa im Mittelmeer, wurde von einer mysteriösen Strömung davongetragen und an der griechischen Küste wieder angespült. Dort nahm Zeus ihn gefangen und zwang ihn, gegen die Titanen zu kämpfen. Er fiel in der Schlacht. Cébenna trauerte unablässig um ihre verlorene Liebe und wartete an der Küste auf ihn. Als Réa nicht heimkehrte, begab sie sich wieder in die Berge, wo sie sich ausruhen wollte, und schlief schlussendlich ein. Bis heute speisen ihre Tränen den Fluss Réa in der Schlucht Gorges d'Héric.

***

Wenn wir nach Olargues fahren, essen wir im Fleurs d'Olargues mit Blick auf die Brücke. Ich reserviere einen Tisch draußen, wo wir von dort aus den Garten sehen können, in dem sie all ihr Gemüse selber anbauen. Das Restaurant wird seit zwei Generationen von einer dänischen Familie geführt. Die in die Jahre gekommene Mutter ist ganz reizend. Vor einigen Jahren waren wir mit unserer vierköpfigen Gruppe die letzten Gäste, bevor sie in die Winterpause gingen. Wir baten um die Rechnung, und sie setzte sich zu uns an den Tisch. Natürlich sprach sie perfektes Englisch und war wie alle Burgherrinnen passend gekleidet. Wenn das Fleur d'Olargues bis zu Ihrem Besuch noch keinen Michelin-Stern hat, dann basteln wir Schilder und melden einen Straßenprotest an.

***

Wieder zurück auf der Straße nach Béziers fährt man an Thézan vorbei. Auf dem folgenden langen Stück nach Murviel liegt ein Super-U an der Strecke. Auf einer unscheinbaren Verkehrsinsel befindet sich das office de tourisme au pays (alles kleingeschrieben, ganz passend) und gegenüber eine Bäckerei, wo Sie unbedingt Baguettes kaufen sollten: vier zum Preis von drei. Der Laden sieht nicht aus, als könnte man hier hohe Backkunst erwarten, aber der Schein trügt.

Als Nächstes erreicht man Murviel und folgt den Schildern bis nach Causses. Wenn es Juli ist, kommen Sie nicht um die Pététas von Murviel herum. Die lebensgroßen Strohpuppen, deren Kleidung sie als Handelsleute aus der ersten Hälfte des 20. Jahrhunderts ausweist, stehen auf Balkonen, Verkehrsinseln, am Straßenrand und in Hauseingängen. Man gibt sich wirklich viel Mühe damit, aber auf mich wirken sie alle etwas gruselig. Man könnte meinen, dass diese Tradition schon seit Jahrhunderten besteht, aber in Wahrheit hat man sich das Ganze 1997 ausgedacht. Das passt schon, wir alle müssen ja irgendwie Touristen anlocken, aber ich glaube nicht, dass dem Dorf deswegen bald ein Deal mit Disney winkt.

Murviel ist ein echtes Runddorf, das fast vollständig erhalten ist. Wenn man eine Drohne steigen ließe, sähe man eine Eiform. Aus Wällen wurden Häuser, und drinnen ist es gesteckt voll wie in einem Holzlager. Das Zentrum des Dorfes liegt auf einem Hügel, auf dem sich neben dem Schloss auch eine Kirche befindet. Der Name Murviel kommt von *murs*, Wälle, und einer archaischen Schreibweise von *vieux*, alt. Die Lage ist perfekt für eine Festung, die die umliegenden Felder bis zum Mittelmeer überblickt, mit den Bergen im Rücken.

***

Man folgt der Straße am Salon Jean Moulin vorbei und dann den Schildern, die nach Causses-et-Veyran führen. Ignorieren Sie die »Autres Directions« und lassen Sie den Friedhof rechts hinter sich. Nachdem Sie die Kurve genommen haben, sind Sie wieder auf dem Land und fahren den Hügel hinunter zu einem Weingut namens »Mas des Dames«.

Warum es Mas des Dames heißt, was übersetzt etwas unspektakulär »Landhaus der Damen« heißt, ist nicht ganz klar. Es liegt nicht etwa, wie man meinen würde, daran, dass es von Frauen geführt wird – auch wenn das stimmt. Es gibt zwei beliebte Erklärungen für den Namen: Die erste besagt, dass es in der Familie, der die Ländereien gehörten, drei Generationen lang nur Frauen gab, bevor die Niederländerin Lidewij van Wilgen 2002 das Weingut aufkaufte. Die zweite lautet, dass Lidewij drei Töchter hat, die auf dem Landsitz aufgewachsen sind und nun in der Weinproduktion arbeiten. Wie auch immer, hier herrscht jedenfalls jede Menge nominativer Determinismus. Es ist einer dieser Namen, die einfach sein müssen.

Lidewij, die Besitzerin, hat ein Buch darüber geschrieben, wie sie Mas des Dames gekauft hat. Der Titel heißt <u>Träume ernten.</u> <u>Eine junge Frau, ein altes Weingut und ein neues Leben.</u> Wenn man es liest, bekommt man den Eindruck, man hätte es mit einem Hollywood-Drehbuch zu tun: Eine Frau auf dem Höhepunkt ihrer Karriere meint, es müsse doch mehr im Leben geben, kauft ein Weingut im Süden Frankreichs und findet nach großen Mühen das wahre Glück. Es klingt wie ein Klischee, aber genauso war es. Sie war zweiunddreißig, Geschäftsführerin der Werbeagentur Saatchi & Saatchi in Amsterdam, mit einem Texter verheiratet und hatte gerade ein Kind zur Welt gebracht. Ich weiß nicht, was Leute in der Werbebranche umtreibt, aber sie wollen offenbar alle einen Weinberg besitzen. Sir John Hegarty von Bartle Bogle Hegarty – das ist der, der sich »Vorsprung durch Technik« für Audi und noch so einiges mehr ausgedacht hat – besitzt den Weinberg Hegarty Chamans, der direkt hinter den Hügeln in der Nähe von Carcassonne liegt. Lidewij hat jedenfalls das Weingut gekauft und ist durch ihre Marketingerfahrung und einen Winzerkurs in Montpellier später zu einer der besten Winzerinnen Europas geworden – nehme ich jedenfalls an, ich kenne sie nicht –, zu deren Fans die britische Weinkritikerin Jancis Robinson oder der schottische Koch Gordon Ramsay gehören. Die Weine werden als Terre des Dames verkauft und haben Namen wie La Dame, La Diva, La Diva Rosé, La Diva Blanche, L'Unique. Ihre Weine sind schwer zu bekommen, wenn man nicht direkt vorbeifährt, aber ich gehe davon aus, dass Sie mittlerweile einige Kisten von La Dame und La Diva eingeladen haben und auf dem Weg zurück nach Causses sind.

Folgen Sie der Straße und genießen Sie noch mal die Aussicht auf die Cébenna, die zwischen den Bergen des Montagne Noire liegt. Nachdem Sie eine schmale Brücke überquert haben, werden die Hügel zu Bergen. Bald sehen Sie zur Linken ein Schild, das Sie nach Veyran weist, wo das Haus des namensgebenden Zenturios liegt. Diesen Ort besuchen wir ein anderes Mal, denn vermutlich meldet sich der Hunger, denn wir haben Ihnen ein spätes Mittagessen versprochen und der Aufenthalt im Weingut Mas des Dames hat länger gedauert als geplant.

Also geht es weiter nach Causses. Auf dem Weg zu unserem Haus kommen Sie im unteren Dorf an den römischen Säulen und dann am Schild mit der Aufschrift »Causses-et-Veyran« vorbei (okzitanisch auch »Causses e Vairan«), fahren an der Bar rechts und dann auf die Place de la Pompe Neuve, die einst Place du Marché hieß. Dort warten wir auf Sie. Oh, und nicht vergessen, zu einer Flasche aus den zwei Weinkisten zum Mittagessen würden wir auch nicht Nein sagen.

Wie aus einem alten Haus in Causses-et-Veyran unser Schmuckstück wurde

Die Teufelsbrücke von Olargues, einem der schönsten Dörfer Frankreichs.

Die geheime Straße zum geheimen Feigenbaum

Der Frühling macht alles neu und es ist Zeit, sich auf die Weinernte zu freuen.

Außenansichten der Place de l'Église Nummer 1 mit ihren dicken alten Mauern

In den tausend Jahren seiner Geschichte war unser französisches Haus für viele Generationen und hunderte von Menschen der Ort, an dem sie ihr Leben verbracht haben.

Lola, der Hund des Glücks, auf seinem Aussichtsplatz

Das Geräusch des Sommers: Schwalben kreisen und zwitschern, schießen durch die Luft, flattern um die Ziegeldächer und verschwinden.

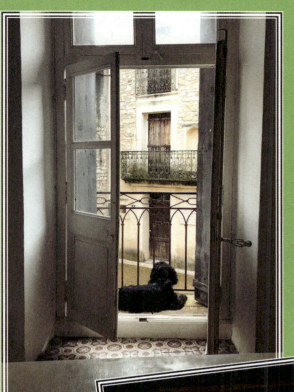

Im Laufe der Jahre haben wir versucht, dem Haus wieder Leben einzuhauchen, seinen speziellen Charakter zu bewahren und den vielen Geschichten, die es erzählt, unsere eigenen hinzuzufügen.

Vorher - nachher

Der einst so heruntergekommene Dachboden, dessen Fenster auf den mittelalterlichen Platz hinausgeht. Er war das Zimmer von George, meinem Sohn, und ist jetzt mein Büro.

11
EINE ZEIT DER STILLE

Patrick Leigh Fermor – In den Fußstapfen eines Geistes – Der Wert der Stille – Zeit zuzuhören – Freude an Nichts

Als ich mich hinunterbeugte, um das polierte Messingschild der Albemarle Street Nr. 50 zu lesen, war ich mir sicher, dass der Mann, dessen Name dort stand, mich gleich feuern würde. Es war ein schöner Sommermorgen. Ich war vierundzwanzig Jahre alt. Es war mein erster Arbeitstag, und ich war viel zu spät.

Auf der Piccadilly Street tobte der Verkehr. Ein Parkuhrenleerer schlich herum. Ein Mann pfiff nach einem Taxi. Ein Jaguar hielt, und heraus sprang ein junges Mädchen, das so kess war, wie es 1982 nur möglich war. Ich holte tief Luft, und so ruhig ich konnte, öffnete ich die makellose, burgunderfarbene georgische Tür von John Murray Publishers. Ich meldete mich an der Rezeption bei einer patrizisch aussehenden Dame in Schwarz, die vor dem altarhaften Steckfeld einer Telefonzentrale saß. Sie wies mir den Weg zu einer ausladenden Treppe in den zweiten Stock. Ich stieg hinauf. Plötzlich stand er dort am Treppenabsatz vor mir. Gekleidet in einen Dreiteiler aus Tweed, mit roten Hosenträgern und obendrein noch mit einer pflaumenfarbenen Fliege aus festem Damast. Wie ich später erfuhr, hatte Freya Stark sie ihm eigens aus ihren Vorhängen angefertigt, als sie 1946 von London nach Asolo zog. Er kam auf mich zu. Ich blieb stehen. Wortlos drückte er mir eine Erstausgabe von Paddy Leigh Fermors *Eine Zeit der Stille* in die Hand. »Mr Dolby! Der Neuling! Haben Sie es schon gelesen? Ich habe entschieden, dass Sie es lesen sollten!« Er hatte etwas Teenagerartiges an sich, obwohl er damals über siebzig war. Er drehte sich um und war verschwunden.

***

Knapp ein Jahr später stellte Mr Murray mir meine zukünftige Frau auf eine nicht unähnliche Weise vor.

Es dauerte etwa einen Monat, bis ich erfuhr, dass Lord Byron, Jane Austen, Charles Darwin, George Crabbe, Washington Irving, David Livingstone, Samuel Taylor Coleridge und die John Murrays schon seit 1812 dieselben Stufen erklommen, wenn auch unter deutlich glorreicheren Umständen als ich. Der aktuelle John Murray, Nummer VI, war Teil einer kleinen Gruppe von Literaturfürsten, die in den späten Zwanzigerjahren nach Oxford gingen, zu der auch der Poet Laureate Sir John Betjeman, der Karikaturist Osbert Lancaster und der Kunsthistoriker Sir Kenneth Clark gehörten.

Während wir einander besser kennenlernten, erzählte Mr Murray (seine Freunde nannten ihn Jock) mir wundervolle Geschichten. Bei seiner ersten Anstellung hatte er den großen, gut aussehenden und nahezu blinden Doktor Axel Munthe 1930 auf seiner Reise ans Mittelmeer zu begleiten, um *Das Buch von San Michele* zu bewerben. Mr Murrays Pflicht bestand darin, Avancen der vielen Bewunderinnen des Autors abzuweisen. An einem kalten Tag, an dem die Heizung im Verlagshaus entsprechend polterte und murrte, erzählte er mir davon, wie seine im Sterben liegende Tante einst in einem Zimmer oben, das nun das Büro meines Chefs war, zum Zeitvertreib Enteneier ausgebrütet hatte. Meine Meinung zu den Bürostühlen ersuchend, vertraute er mir an, dass er George Bernard Shaws Ehefrau mit Kohlwasser von einem Hexenschuss geheilt hatte: »Gut für den Rücken, schlecht für den Atem.« Eines Nachmittags schlich er sich an mich heran, als ich einen berühmten Autor von der Zwischenetage im fünften Stock aus beobachtete. Ich hatte ihn nicht kommen gehört, spürte nur jemanden zu meiner Rechten atmen. Ich drehte mich langsam um, und da stand Mr Murray, nur wenige Zentimeter entfernt, und starrte mich an. Bevor ich auf einen angenehmeren Abstand zurückweichen konnte, legte er mir eine Hand auf die Schulter, lehnte sich etwas weiter vor und forderte mich gebieterisch auf, hinunterzuspucken. Er offenbarte daraufhin, dass er in seiner Jugend von hier aus durch eine fünf Zentimeter große Lücke im Treppengeländer aus westindischem Mahagoni jeden Homburg oder Bowler hatte treffen können, der auf dem Tisch mit der Marmorplatte im Vestibül unten abgelegt worden war. Immerhin zwanzig Meter tief.

»Ich fand Vergnügen an den Sherlock-Holmes-Büchern«, gestand er Naim Attallah, kurz bevor er am 22. Juli 1993, einem warmen Donnerstag, starb. »Und so entstand meine Zuneigung zu Autoren: Ich war ein Schüler, hatte Ferien und mein Großvater war krank. Er sagte: ›Ich glaube, Sir Arthur Conan Doyle kommt heute zu Besuch. Sei doch bitte nett zu ihm. Ich hoffe, er bringt ein weiteres Typoskript mit.‹ Conan Doyle brachte das letzte Buch seiner Sherlock-Holmes-Geschichten mit, und ich war so verblüfft über die Höflichkeit dieses angesehenen Mannes gegenüber einem jungen Frechdachs wie mir, dass ich dachte: Wenn das ein Autor ist, dann werde ich mein Leben mit Autoren verbringen.«

Paddy Leigh Fermors Nachruf auf seinen lieben, lebenslangen Freund erschien am darauffolgenden Freitag im *Independent*:

Es ist schwierig, sich eine passendere Kulisse für ihn vorzustellen als Albemarle Street Nr. 50 mit seinen hübschen Zimmern, den Porträts, Büchern und Erinnerungsstücken, der Mischung aus archaischem Stil und Ungezwungenheit, Tätigkeit und Müßiggang. Die lange Freundschaft zwischen Byron und Jock Murrays Vorfahren spielte eine wichtige Rolle im Leben der Hausnummer 50, und der Geist des Schriftstellers scheint alle Räume zu durchdringen. Beim Durchsehen eines Typoskripts, den Druckfahnen, der Umbruchkorrektur begleitete er Jock mit Vergnügen. Besonders wenn die Umbrüche beiseite flogen, Platz für Tee oder Sherry, Whiskey und Soda machten, Osbert Lancaster vom täglichen Zeichnen seiner Karikaturen zurückkehrte und mit allerhand fabelhaftem Klatsch hereinschneite oder Kenneth Clark mit Armen voller Illustrationen oder John Betjeman mit Neuigkeiten über einen Fund aus der Frühgotik in einer abgelegenen Gemeinde in Fenland – sollten sie darüber mit John Piper sprechen? (Betjeman und Jock waren beide Experten auf dem Gebiet der Glockenkunde.)

Cannon Lodge, zwischen Hampstead Heath und einem schmalen Kirchturm gelegen, besaß durch seinen keatshaften Blick über London einen ähnlich unzeitgemäßen Charme. Am Ende eines Tages voller eiliger Korrekturen traf man dort zum Dinner unter hohen Bäumen oder am prasselnden Feuer irgendjemanden aus der folgenden Reihe: Freya Stark, zurück aus Anatolien, Ruth Prawer Jhabvala aus Rajasthan oder Dervla Murphy aus den Anden, und sehr häufig Jocks und Dianas Lieblingsnachbarin Peggy Ashcroft.

Jock und Diana reisten mehrere Male nach Griechenland, und zur allgemeinen Überraschung war Jock ein fähiger Baumchirurg: Der Anblick eines kränkelnden Gewächses brachte ihn dazu, in die Äste hinaufzuklettern und die Dinge gekonnt mit Säge, Zwirn, Bast und Teer zu richten.

Vor fünf Wochen sprachen wir über die Spuren der Zeit, die wir an uns selbst erkannten, und er sagte halb seufzend, halb lachend:

»Ja. Ein hohes Alter ist nichts für Weicheier.« Er trat seinem eigenen stets mit stoischem Gleichmut entgegen, und sein Dahinscheiden macht unser aller Leben ärmer.

Ich tat, wie Mr Murray mir befohlen hatte, und las *Eine Zeit der Stille*. Es wurde zu »meinem Buch«. Es erzählt von Aufenthalten des Autors in französischen Klöstern in den Fünfzigerjahren, insbesondere in der karolingischen Abtei Saint-Wandrille de Fontenelle in Saint-Wandrille-Rançon in der Normandie. Fermors Werk ist die elegante Geschichte eines Mannes, der das Leben liebt und es durch die physische und emotionale Katharsis des Alleinseins und der Stille noch mehr zu lieben vermag. Er beschreibt, wie er das erste Mal allein in seiner Kammer sitzt, sofort zu schreiben erwartet, die weltlichen Ablenkungen nun verschwunden, nur um herauszufinden, dass ihn die Einsamkeit nach bloß einer Stunde »mit einem Hammerschlag niederstreckt«. Doch die Zeit vergeht, und die Rhythmen des klösterlichen Tages nehmen ihn in Anspruch, der Zugang zu seinem Leben außerhalb schwindet, und die Stille und Schlichtheit offenbaren ihm die Welt mit befreiender Klarheit.

US-Musiker, Komponist, Künstler, Schriftsteller und Pilzsammler John Cage versuchte 1950 während seines berühmten »Vortrags über Nichts« den Eindruck zu vermitteln, Stille als das Fehlen von Klang anzusehen: »Was wir brauchen, ist Stille; aber was die Stille will, ist, daß ich weiterrede.« Der Stille zu lauschen ergibt so viel Sinn, dass das Gegenteil wahr ist. Klang existiert nur, weil es Stille gibt, wir kommunizieren nur, weil es Wörter zwischen der Stille gibt. Sein viel gescholtenes Stück »4'33« besteht aus vier Minuten und dreiunddreißig Sekunden Klang, die der »Zuhörer« in dieser Zeit erfährt. Die Zeit ist es, die das Stück eingrenzt.

Der kanadische Journalist Carl Honoré schreibt in seinem Buch *In Praise of Slow*: »Die Philosophie der Slow-Bewegung hat nichts damit zu tun, alles im Schneckentempo zu machen, es geht darum, zu versuchen, alles im richtigen Tempo vonstatten gehen zu lassen. Darum, die Stunden und Minuten auszukosten, anstatt sie nur zu zählen. Darum, alles so gut wie möglich und nicht so schnell wie möglich zu erledigen. Es geht um Qualität, nicht um Quantität, in jeglicher Hinsicht.«

***

Es wurden viele Bücher über die Stille geschrieben. Stille als Bedürfnis, um umherzuschweifen, als Ausdruck eines behaglichen Feuers, als Manifestation von Dingen, die so privat sind wie Gedanken und Äußerungen.

Im Sommer sind Geräusche der Hintergrund der Stille an der Place de l'Église. Hier ist die Welt frei von dringlichem Getöse und Gerumpel. Der Fernseher schreit mich nicht an, keine laute Musik wird gespielt. Meine Mutter sitzt mit ihren fünfundneunzig Jahren schweigend in ihrem Cottage in Derbyshire und ist glücklich. In London erwartet uns jegliche Form von Lärm. Doch im Haus an der Place de l'Église leben wir in unserem eigenen Rhythmus, der nicht vom Lärm des Lebens anderer vorgegeben wird. Wir stehen auf, wann es uns passt, essen um drei zu Mittag, zu Abend um zehn, und sitzen da, lesen, spielen Spiele oder reden bis tief in die warme Nacht.

Der Tag fängt mit Stille und Klang an. Unser Schlafzimmer ist dunkel. Wie schon seit Jahrhunderten, wehren Fensterläden die Sonne im Sommer ab und schließen im Winter Kälte und Wind aus. Bevor ich die Augen aufschlage, lausche ich einem Schwarm Spatzen. Ihr wildes, zeterndes Zwitschern ist forsch und hallt über die Place Jules Milhau. Nachdem sie fort sind, höre ich nichts außer dem Rascheln der Baumwolllaken und Atemgeräuschen. Ich tapse in die Küche hinunter. Nackte Füße auf warmem Stein. Das Wohnzimmer ist dunkel. Durch meine Fußsohlen auf den Terrakotta-Fliesen ebbt die Stille ab und schwillt an. Ich koche zischenden Kaffee.

Es ist Juni, und die Fenster waren die ganze Nacht lang offen. Scheppernd kurbele ich die Fensterläden auf, und das Sonnenlicht fällt herein, langsam gefolgt von der Wärme. Ich höre eine Frauenstimme: »*Bonjour, messieurs-dames.*« Es mochte nebenan oder auch einen Kilometer entfernt sein. Die Blätter des Honigdorns an der Place de l'Église rascheln. Tausend Jahre Aufruhr stecken in den Wänden um mich herum. Jeder Stein vermag eine Geschichte zu erzählen. Jede Fliese, jeder Balken gehörte jemandem, der sie dort platziert hat. Meist war es wohl ein Mann, der tagsüber dort gegessen und geschlafen hat, genauso am nächsten und übernächsten Tag, bis es eines Tages vollbracht war. Die alten Wände machen mich zu einem Teil ihrer Geschichte.

Ich gehe zur Dachterrasse hinauf. Es ist bereits heiß. Die Kirchenglocke schlägt klar und kräftig neun. Schwalben kreisen und zwitschern, schießen wie Punkte durch die Luft, wieder und wieder um die Ziegeldächer und verschwinden. Erneut kehrt Stille ein.

In den Bergen bellt ein Hund.

Das Aufheulen eines Motors ist gerade so zu hören. Von Sekunde zu Sekunde wird es lauter, erreicht einen Höhepunkt und verklingt. Stille kehrt wieder ein. Ich sitze da und lausche meinen Gedanken. Irgendwo im Dorf schlägt ein schwerer Türklopfer gegen eine harte, alte Holztür. Die Pflastersteine verstärken den Ton zu einem Donnern.

Stimmen.

Dann sind sie fort.

In der warmen Stille nippe ich an meinem Kaffee, und eine Stunde zieht an mir vorbei. Unten im Haus höre ich erste Bewegungen. Dann erklingt durch die dörflichen Lautsprecher, laut und blechern, »Allo. Allo...« Verkündet wird, dass der Fischhändler auf der Place du Marché ist, es Kisten mit Pfirsichen zu kaufen gibt oder der Pizzabäcker am Abend kommt. Die unterschiedlichen Geräusche des Nichts lassen die Geräusche des Etwas vergleichsweise schrill und kakofon wirken. Autos sind da sehr konsequent. Stimmen werden unterscheidbar, man weiß, von wem sie stammen, ohne den Menschen zu sehen oder ihm vorgestellt worden zu sein. Bloßes Klappern verwandelt sich zu enormem Lärm.

Die Familie rührt sich, und Stimmen, keine lauten, huschen durch den Flur und die Treppe hinab. Eine Dusche zischt. Ich höre George von seinem Bett auf dem Dachboden aufstehen: Er tapst dumpf über den Boden und die Stufen hinunter. Die meisten Morgen werde ich nun wohl das Gleiche hören.

Ich stehe von meinem Terrassenstuhl auf. Mit einem Klappern nehme ich meine Tasse von der marmornen Tischplatte. Ein Schrei zerreißt die Luft. Ich blicke hinauf und sehe einen Turmfalken am Horizont kreisen.

Ich ziehe mich an, knuspere an einem Croissant und begebe mich zu unserer schweren blauen Eingangstür aus Holz. Sie zu öffnen ist eine Herausforderung. Sie knarzt und stöhnt wie der Körper eines alten Mannes. Ich ziehe sie hinter mir zu.

Durch den Steinbogen und auf die Place Jules Milhau. Eine getigerte Katze miaut und streicht um meine Beine. Ich streichle sie. Sie schnurrt und stupst mich an.

Ich gehe über die Place du Marché. Camille und ihr Hund Manon laufen zum Parkplatz. »*Bonjour, madame. Bonne journée.*« Sie eilt weiter. Langsam gehe ich am Friedhof vorbei. Meine Schuhe knirschen auf dem Schotter, dann wird aus der beschotterten Straße stiller, verunkrauteter, lehmiger Boden. Der Weg führt zwischen wucherndem Fenchel und einer bröckelnden, flechtenbewachsenen Steinmauer zu einer Pferdekoppel. Eine alte Stute kommt herangaloppiert. Die Erde bebt. Ich kraule ihre grau wer-

dende, staubig-muffige Nase, drehe mich dann um und schlendere weiter zu den sich aufwärmenden Hügeln.
Die Zikaden werden langsam wach.
Im trockenen Gras sucht eine Spitzmaus raschelnd nach einem kühleren Plätzchen.
Hoch darüber brummt ein Düsenflugzeug und kreuzt das weite, perfekte Blau.
Später schlägt zinnern die Kirchenglocke in der Ferne. Drei Minuten später erklingt sie noch einmal, so wie seit Jahrhunderten, für den Fall, dass die Arbeiter zwischen den Reben oder aber ich den ersten Glockenschlag verpasst haben.
In den Bergen ist die Stille voller Geräusche. Einmal fuhren wir am Morgen bei Saint-Nazaire-de-Ladarez in die Berge. Hinauf führten kleine Straßen, die nach einigen Kilometern zu Steinwegen wurden, zu beiden Seiten von eng stehenden buschigen Steineichen gesäumt. Wir stellten den Motor ab und stiegen aus in die Hitze. Büsche bedeckten die Erde überall. Rief man ins Land hinein, schallte keine Antwort zurück. Unten im Tal kreisten schreiend mehrere Adler. Im Unterholz verborgen lagen die großen Hügel roter Waldameisen.
Hören Sie hin, wenn Sie da sind.
Noch auf zwanzig Meter Entfernung vernahm ich das Rascheln der Millionen Füße. Fuhr man mit der Hand über den Hügel, verschlug einem der Geruch ihrer Säure den Atem. Das Rascheln wurde so laut wie ein Besen aus Schilfrohr auf einem Scheunenboden.
Libellen so groß wie die Hand eines Boxers surrten durch die Luft, flogen hier und dort entlang, um diesen Baum und jenen Busch, runter außer Sichtweite und wieder hoch. Auf Französisch ist ihr Name so hübsch wie sie selbst: *libellule*.
In den Gärten Saint-Nazaires hörte man schwirrende Fledermausschwärmer, die von einer Geißblattblüte zur nächsten flitzten.

Setzen Sie sich.

Sie werden Wasser, Grillen und liebestolle Frösche wahrnehmen können.

***

Stille kann bitter oder süß sein. Warum gibt es so wenige Worte für die Stille? Die abgeschiedene Stille eines steinernen Klosters, die Stille eines Waldes im Norden, die Stille zwischen zwei Männern, die in ihrer Lieblingskneipe an ihren Pints nippen, die Stille eines langjährigen Liebespaars, die Stille am Ende einer Beziehung, die Stille des Trauerns, die Stille eines Hauses um vier Uhr morgens, das voll und gleichzeitig leer ist, die Stille nach einer Explosion, der Bruchteil einer Sekunde, bevor das Chaos hereinbricht, die Stille einer Bibliothek, die Stille des Gedenkens.

Im späten 4. Jahrhundert schrieb der junge Augustinus von Hippo, Schüler des Ambrosius von Mailand, in seiner Autobiografie *Bekenntnisse* im sechsten Buch, Kapitel drei, über ihn: »Und wenn er las, schweiften die Augen über die Seiten und das Herz erforschte den Sinn, er selbst aber schwieg. Oft, wenn wir gegenwärtig waren, denn jeder hatte Zutritt, auch pflegte der Kommende nicht angemeldet zu werden, sahen wir ihn schweigend lesen, und nie anders.«

Das war eine eigenartige Beobachtung. Ambrosius hatte die Bedeutung des Wortes »lesen« verändert. Vor ihm und zweifelsohne weiteren Gelehrten, die genauso »für sich« gelesen haben, deren Taten allerdings nicht aufgezeichnet wurden, bedeutete lesen, dass man laut las – sogar in Bibliotheken, was für unsere Gepflogenheiten eher seltsam anmutet.

Der Klang selbst mag nicht vordergründig wichtig gewesen sein, doch was ist mit dem Teilen? Mindert das fehlende Teilen die Wirksamkeit der Worte auf den Leser? Warum war es überhaupt natürlich, laut zu lesen? War es ein Relikt aus alten Zeiten,

Worte so zu nutzen? Worte wurden gesprochen, und ihre Bedeutung formte Bilder im Geiste der Zuhörer. Der Akt des Teilens bestand im Sprechen. Schriften wurden zu jener Zeit gewöhnlich vorgelesen, und noch früher gehörte das Teilen zur Tradition des Geschichtenerzählens, als Geschichte und Erzählungen des Lebens am Feuer geteilt wurden. Doch nun, da die Worte kodiert waren, war es nicht mehr notwendig, dass der Erzähler der Geschichte anwesend war. Es war die Zeit, zu der Wörter zu Darstellungen wurden, und Stille war nun nicht im Geiste. Das geschriebene Wort war nun eine einzig zwischen Autor und Leser geteilte Erfahrung. Warum sollte man in einem leeren Raum laut lesen? Lesen wurde zu einem Dialog zwischen zwei Leuten, kein Rundruf von einem an viele.

Jeder von uns hat seine eigene Stille. Meine ist nicht die Stille von Weite oder die einer Gummizelle. Meine ist geteilte Stille, eine gemeinschaftliche Stille, eine Ruhe. Vielleicht ist es John Cages Ansatz, der mich an den Verlust des Bewusstseins für Klang denken lässt. Klänge, die im Rahmen unseres Daseins vorkommen, verstärken das Gefühl, dass wir existieren und verbunden sind, das uns »hier« fühlen lässt.

Christopher Isherwood: »Es ist mein Wille, nach meiner Natur zu leben und einen Ort zu finden, an dem ich sein kann, was ich bin.«

Vor zwei Jahrhunderten musste man ein Instrument spielen oder ein Konzert besuchen, um Musik zu hören. Damals war es nicht möglich, Bachs Cellokonzert in c-Moll müde zu werden.

Heutzutage sind die meisten Klänge selbstsüchtig und zornig. Nicht für mich im Sommer an der Place de l'Église Nr. 1.

12
DIE GESCHICHTE EINER BADEWANNE

Zufallsbegegnung – Chelsea Henry –
Die Zuversicht eines Unwissenden – Handwerker –
Luft transportieren – 600 in Summe

12. Juli 2013
Lieber Trevor,
ja, ich habe eine Badewanne! Ich habe sie einem Franzosen abgekauft, den ich vor etwa zwölf Jahren kennengelernt habe, doch ich habe nie etwas damit gemacht. Sie steht in Chelsea im Garten eines Hauses, in dem ich mal gewohnt habe. Ich hatte sie fast schon vergessen. Ich hätte gern 600 Pfund dafür – das ist etwa der Betrag, den ich dafür gezahlt habe. Sie versprüht wohl eher einen rustikalen Charme anstatt Luxus und Glamour. Ehrlich gesagt, sie ist nicht so eindrucksvoll wie die Badewannen, die man auf Google findet, wenn man »Badewanne Kupfer« eingibt. Sie hat keinen geschwungenen Rand rundherum und ist auch nicht auf einer Seite höher. Sie ist oben abgeflacht.

Sie hat jedoch zehn Jahre im Garten gestanden, daher wird man sie etwas polieren müssen. Mir gefällt die Vorstellung, dass sie nach Frankreich zurückgebracht und benutzt wird.

Mein Freund, der in meinem alten Haus wohnt, ist für etwa zwei Wochen in Italien, aber ich kann es einrichten, euch zu treffen und euch die Badewanne zu zeigen, wenn er zurück ist.

Viele Grüße
Andrew

Im vornehmen London zwischen der King's Road und Chelsea Embankment gibt es einen ruhigen, grünen Platz mit dem Namen Oakley Gardens. Die Häuser sind hier adrett, mit Ausnahme von Hausnummer 7, die außergewöhnlich heruntergekommen ist. Im Gegensatz zu allen anderen Häusern in der Straße stehen dort keine Blumenkübel an der Haustür. Im kleinen Vorgarten wächst Sommerflieder, der sich selbst ausgesät hat. Jemand hat vor einiger Zeit auf ihn eingehackt, sodass bloß chaotisch emporragende Stängel übrig sind. Zwischen den Steinplatten des kurzen Gehwegs wächst Unkraut, und die Platten haben Risse und bröckeln nach 200 Jahren mit frostigen Wintern. Es ist definitiv dekadent. Etwas schmuddelig, sicher. Doch schmuddelig in dieser Straße ist andernorts gepflegt.

Eines Abends Anfang August traf ich Andrew am Tor. Er wirkte lässig mit seinem offenen Hemdkragen, heiter und plumpvertraulich. Im Jahr darauf wirkte er in einer Doku-Serie mit, *The Auction House*, die die Irrungen und Wirrungen der Angestellten des Auktionshauses Lots Road Auctions in Chelsea begleitete. Meiner Erinnerung nach sahen alle Auktionatoren genauso aus wie Andrew. Er klopfte an der Tür, und wir warteten einen gefühlten Tag lang. Nach einer Minute klopfte er noch einmal. Schlurfen und Poltern waren zu hören, dann schwang die Tür nach innen auf, wobei sie einen kleinen Berg Werbung über den Boden schob. Dort stand Henry.

»Ah, da seid ihr ja«, sagte er, als wären wir zu spät. »Andrew, mein Lieber. Welch eine Freude. Die Badewanne. Kommt herein, kommt herein.«

Ich konnte in jenem Augenblick nicht viel von Henry sehen, denn das Licht war spärlich, aber als wir durch den Flur in die Küche gingen, wurde er angestrahlt, sodass er sich, genauso wie ein Henry sein sollte, offenbarte: inklusive der Fliege, dem zerknitterten Dreiteiler aus Tweed und einer roten Nasenspitze. In der rechten Hand schwappte im Glas dunkles Rot, während er uns mit der verdrehten Linken die Hände schüttelte. Er war nicht so schlank wie Onkel Monty, gepflegter als Les Patterson, jedoch nicht ganz so adrett wie Arthur Negus. Er war ein Mischmasch aus allen dreien. Wäre er berühmt, hieße er einfach nur »Henry«, so wie Tipp-Ex, Tupperware oder Zewa.

»Kommt herein, kommt herein«, wiederholte er, als er sich vorstellte. »Henry. Angenehm. Kommt herein, kommt herein.«

»Trevor. Freut mich, Sie kennenzulernen.«

»Ein Glas vorweg? Ich habe hier einen feinen Roten.«

Der Rotwein war schon mindestens halb leer, aber die Flasche stand wie zur Schau auf dem Tisch zwischen zwei Schälchen nicht genau identifizierbarer Knabbereien und zwei Gläsern.

»Gerne, alter Junge«, sagte Andrew.

»Herzlichen Dank«, sagte ich.

Zur Linken der kleinen Spülküche war ein sehr verwucherter Garten: so verwuchert wie ein Trümmergrundstück der Fünfzigerjahre. Fensterhoch wuchsen, verheddert in wilden Brombeeren, Sommerflieder und Weidenröschen. Wir saßen eine Weile beisammen, und Andrew und Henry brachten einander auf den neuesten Stand, während ich an meinem Glas nippte. Der Rotwein entpuppte sich als wirklich guter Burgunder. Dann kamen sie zur Sache, und zu dritt marschierten wir in den Garten hinaus, der uns nur Platz bot, wenn wir etwas Grün niedertrampelten.

Gerade noch erkennbar dazwischen stand die Badewanne, schwarz und lädiert, die Unterseite auf einer Seite angestoßen und überwuchert von Unkraut. Ich kämpfte mich hinüber. Sie war außerdem voller Ziegel.

»Ich erinnere mich nicht genau, wie ich sie hierherbekommen oder wem und wo ich sie abgekauft habe«, sagte Andrew, der auf Auktionator umschaltete, als er mein enttäuschtes Gesicht sah. »Was ich jedoch weiß, ist, dass eine solche Wanne aufgearbeitet Tausende Pfund wert wäre – wenn du eine solche überhaupt finden würdest, was ich sehr bezweifle. Wenn ich mich recht erinnere, kam sie irgendwo aus Nordfrankreich. Wenn ich sie hier raus und zur Lots Road bringen würde, könnte ich sicher 1200 Pfund ersteigern, doppelt so viel, wie ich gern hätte. Ein Schnäppchen. Der Abfluss aus Messing ist noch da, und auch wenn der eiserne Fuß und der eiserne Wannenrand an der Kupferlippe verschwunden sind und es hier und da Risse gibt...« Er hielt inne. »Du verstehst also, es ist ein Schnäppchen, alter Knabe. 600 Pfund – und sie gehört dir.«

»Großartig«, sagte ich. »Wenn du sie aus diesem Dschungel herausholst, die Ziegel loswirst und sie so reinigst, dass sie in einen Transporter kann, dann abgemacht.«

Er lächelte und wir besiegelten den Kauf per Handschlag.

**

»200 Pfund, Kumpel. Von Tür zu Tür.«

»Aber sie ist federleicht, und es dauert nur eine Stunde.«

»Die Maße, Kumpel. Es liegt an der Größe, nicht am Gewicht. Wenn ich Ihre Badewanne in den Transporter stelle, kann ich andere Dinge kaum noch mitnehmen.«

»Ich melde mich zurück«, sagte ich.

»200 Pfund, um sie von Chelsea zu uns zu transportieren«, rief ich Kaz zu, die gerade anderweitig beschäftigt war.

»Jo hat einen Volvo. Ich frage sie«, rief sie zurück.

Eine Woche später stand die Badewanne auf Zeitungspapier in unserem Wohnzimmer. Wir liefen um sie herum, als stünden wir in einer winzigen Autowerkstatt, in der gerade ein riesiger Wohnwagen abgegeben worden war.

»Verdammt, was haben wir getan?«, fragte ich.

»Verdammt trifft es ganz gut. Was hast du getan? Du sagtest, man müsse sie nur etwas auf Hochglanz bringen.«

»Nun, etwas auf Hochglanz gebracht und ein wenig instand gesetzt werden.«

Jo lachte sich kaputt, nachdem sie uns geholfen hatte, die Wanne aus dem Auto durch die Haustür zu hieven.

»Und du kannst bitte schön den Mund halten.«

»Sie ist hübsch«, sagte sie. »Und einzigartig. Sie ist völlig hinüber, aber hübsch und einzigartig.«

»Na ja, wir müssen sie erst hübsch und einzigartig machen – und weniger hinüber«, sagte Kaz. »Und das scheint mir eine teure Angelegenheit zu sein. Wie viel, sagtest du, hast du dafür gezahlt?«

»400 Pfund.«.

»Also, wenn wir unter 600 bleiben, wäre ich beeindruckt, doch dafür müssten wir jemanden finden, der sie für 200 reparieren kann. Das kann aber nur ein Fachmann.«

»Wenn wir es für 600 schaffen, ist es ein grandioser Kauf. Weißt du, dass man das Doppelte dafür bekommen hätte, hätte man sie versteigert? Wir haben hier ein Schnäppchen gemacht. Sogar der Ausfluss aus Messing und so weiter sind noch da.«

»Einzigartig und hübsch und so weiter!«

»Jo! Würdest du bitte einfach die Klappe halten?«, verlangte Kaz.

»Entschuldige, ja doch. Hat jemand ein Taschentuch? Ich muss mir die Tränen trocknen.«

***

Aus August wurde September und aus September wurde Oktober. Und während die Herbstblätter die Farbe unserer Badewanne annahmen, blieb sie imposant mitten in unserem Wohnzimmer stehen. Eine Besonderheit für Gäste, die darauf unterschiedlich reagierten. Jo gewöhnte sich daran und wurde allmählich stolz darauf, wie Pflegeeltern auf eins ihrer Ziehkinder stolz waren, das es schaffte, nicht im Knast zu landen.

Kaz hatte im Internet nach jemandem gesucht, der die Badewanne ausbessern konnte. Die meisten schreckten zurück, als wollten wir ihnen Diebesgut unterjubeln. Dann fand sie einen weiteren Andrew.

Lieber Andrew,
wir haben eine alte, frei stehende französische Kupferwanne, die wir zu einer funktionierenden Badewanne restaurieren lassen möchten. Ich habe einige Fotos angehängt, damit du einen Eindruck davon bekommst, was getan werden muss.

Die Wanne ist ungefähr 150 Jahre alt und hat die letzten zehn Jahre draußen in einem Garten verbracht. Sie scheint grundsätzlich solide zu sein, ohne offensichtliche Lecks, aber du wirst anhand der Fotos erkennen, dass sie entlang des Rands einige Risse hat. Der Sockel muss außerdem gerichtet und verstärkt werden: Der Stahl oder das Metall, von dem sie ursprünglich mal gehalten wurde, ist komplett verschwunden und muss ersetzt werden. Die alte Lötstelle, an der Seite und Boden aufeinandertreffen, ist auch sehr uneben. Ich nehme an, dass sie aus Blei ist und inzwischen recht spröde, daher sollte sie auch entfernt und erneuert werden. Abgesehen davon ist die Badewanne in makellosem Zustand.

Wie bereits erklärt, würden wir daraus gerne eine benutzbare Badewanne machen. Ich glaube, dass sie professionell gereinigt werden muss, obwohl wir darauf erpicht sind, den Charme und die Patina zu erhalten – wir wollen nicht, dass sie neu oder hochpoliert aussieht.

Ich weiß nicht, ob du solche Projekte annimmst, aber falls ja, könntest du abschätzen, mit welchen Kosten und wie viel Zeit wir rechnen müssten? Ich wüsste außerdem gern, ob du die Wanne abholen könntest.
Ich freue mich darauf, von dir zu hören.
Freundliche Grüße,
Kaz

Andrew erklärte sich bereit, das Projekt anzunehmen. Jedoch eher widerstrebend, denn er hatte sich vorgenommen, nie wieder eine Kupferwanne zu restaurieren, weil sie »solche Mistviecher« seien. Mrs D. wickelte ihn um den Finger, doch vor Neujahr konnte er nicht anfangen und würde sie auch nicht vorher abholen.

Es wurde Weihnachten, dann Neujahr, und am dritten Januar mieteten wir in Lewisham einen Transporter und fuhren zu Andrew hinüber in die Chertsey Road in Chobham. Er nahm die Kupferwanne entgegen mit den Worten: »Nette Badewanne. Ich melde mich. Grad viel los, aber ich mache mich als Nächstes daran.«

Dann wurde Chobham überflutet.

Es wurde April, bis wir endlich den Anruf bekamen, die Wanne könne abgeholt werden. In der Zwischenzeit war sie in der Werkstatt in einer Flottille anderer schwimmender Gegenstände gedümpelt. Als das Wasser abfloss, wurde die Badewanne gerettet, und die Arbeiten begonnen. Ein neuer Reifen aus Eisen war angepasst und unter die Kupferlippe um den Wannenrand gesetzt worden. Eine Eisenplatte war gefertigt und Kupferstreifen vorsichtig über die Risse gelötet worden, denn die neuen Stellen sollten als neu erkennbar sein. Der Boden wurde wasserdicht gemacht, und das ganze Teil hatte Andrew leicht gereinigt. Er brauchte in Summe einen Monat, arbeitete dann und wann daran, und als wir die Wanne abholen konnten, war der Anblick ein reines Vergnügen. Sie war nun herausgeputzt und fit, aber trotzdem stolz auf ihr hohes Alter. Ich bin nicht sicher, was es kostete, aber sagen wir einfach: ohne die Transportkosten etwa 200 Pfund, 600 in Summe.

Der nächste Schritt bestand darin, sie nach Südfrankreich zu bringen. Das bewerkstelligten wir mithilfe eines Transporteurs, der die Kosten bis ins Languedoc auf etwa, lassen Sie mich überlegen, 600 Pfund schätzte. Als François sie einbaute, musste er einen Abfluss in den Boden setzen, weshalb wir die halbe Decke der Küche aufmachen und eine Prüfluke einbauen mussten, damit wir in Zukunft im Falle eines Lecks an die Stelle kommen würden. Da war sie nun also, ein Jahr nach dem Treffen mit Henry und Andrew, eingebaut und bereit, eingeweiht zu werden.

Nichts kostete uns so viel wie diese Badewanne. 600 Pfund sind jedoch nicht viel für eine solche Badewannen-Geschichte. Während ich einweiche, stelle ich mir all die Menschen vor, die nach mir darin baden werden, und ich versuche, nicht an die schmuddeligen Körper zu denken, die vor mir darin gebadet haben.

13
DAS HAUS MEINES VATERS

Der Verkauf von Place de l'Église Nr. 1 – Geschichte –
Ein ungewöhnlicher Keller – Das Rätsel römischer Denkmäler –
Wie der Vater, so der Sohn

Hin und wieder kommt es uns in den Sinn, das Haus an der Place de l'Église zu verkaufen:
    Es muss noch zu viel renoviert werden.
    Wir können es uns nicht leisten.
    Wir brauchen einen Pool – brauchen wir nicht.
    Das Dorf ist nicht mehr das, was es einmal war – doch, ist es.
    Es gibt keine Geschäfte dort.
    Die Dorfkneipe ist schrecklich – stimmt nicht.
    Wir brauchen Veränderung.
    Es gibt hübschere Dörfer.
    Das Dach ist undicht.
    Der Keller löst sich in seine Bestandteile auf.
    Im Winter ist es zu kalt.

***

Dann trinken wir an einem warmen Frühlingsabend kalten Rosé de Bessan auf der Dachterrasse und lauschen dem Läuten der Frauenkirche, beobachten die kreischenden Turmfalken, die um den Kirchturm kreisen, sehen zu, wie der Sonnenuntergang den Himmel in ein Blutrot taucht, Late Night Jazz von Gramatik in genau der richtigen Lautstärke aus dem Nachbarfenster ertönt und wir telepathisch übereinkommen: »Was um alles in der Welt haben wir uns nur dabei gedacht?«

Irgendwas an der Place de l'Église Nr. 1 hat uns in den Bann gezogen. Manchmal schallt es nachts in der Finsternis, und ich verstehe, wie im Fiebertraum erdachte Geheimnisse der letzten tausend Jahre zum Leben erwachen. Ich habe von diesem Haus nie etwas anderes als Güte erfahren, selbst wenn ich allein dort war, Donner grollte und der Regen peitschte. Ob ich an Geister glaube? Nur an die in unseren Köpfen. Das ist alles schön und gut, aber es ist auf einem westgotischen Friedhof erbaut. Gelegentlich, wenn ich es erwähne, pressen die Leute entsetzt die Lippen zusammen. Meiner Ansicht nach ist das bloß Geschichte. Ich sage mir, dass es die Geister der guten Leute sind, die bleiben.

Das Haus an der Place de l'Église wird einzig aus dem Grund, weil es das größte rund um die Kirche ist, Château genannt. Ich nehme an, das macht mich zum *seigneur* und Kaz zur *châtelaine* von Causses, wobei ich gern wüsste, wie das an einem Samstagabend in der Bar ankäme. Der Torbogen in die Straße Place de l'Église stammt aus derselben Zeit wie das Haus. In der ersten Aufzeichnung von 1199 wird es »Castrum de Caucio« genannt. Auf der Tafel an der Seite der Place Jules Milhau steht, dass es Raymond de Cabrières und Veziade d'Anduze gehörte, die Almosen an die Kathedrale Saint-Just in Narbonne gaben: »Drei Teile des Schlosses von Causses mit all seinen Habseligkeiten, die Borie von Pradines und den Wald von Montpeyroux mit der besagten Gegend.« Im Mittelalter war das Dorf Teil der Châtellenie de

Cessenon, einem Netzwerk kleiner Schlösser, die von Landvögten regiert wurden. 1555 wurde Jacques Guibert, der Landvogt von Roquebrun und auch der von Causses, Besitzer des Hauses, es blieb bis 1650 in seiner Familie. Landvögte waren äußerst mächtig, sie besaßen nicht nur das Land, sondern auch so ziemlich alles, was darauf stand und angebaut wurde. Sie wählten auch Amtsträger, die wiederum die Regeln zur Steuereintreibung aufstellten und die Wachmänner, quasi die Polizei, einsetzten. So sah ihr »Justizsystem« aus. Feudaler konnte es kaum werden. Die Landvögte waren praktisch Götter. Zu Beginn des 19. Jahrhunderts gehörte Causses den Herrschern von Murviel und wurde 1860 aufgespalten und verkauft.

***

Die Stadtkirche von Causses, Église Notre-Dame de la Purification, war ursprünglich eine romanische Kapelle aus dem 10. Jahrhundert mit Rundbögen über den Fenstern und Türen.

Einige Hundert Jahre später ließ der Abt Suger Teile der Kathedrale Saint-Denis nördlich von Paris erneuern, wobei er neue Konstruktionsweisen und seine Überzeugung, dass Kunst ein Weg sei, Gott zu dienen, miteinander verband. Kreuzrippengewölbe und Strebewerk schlossen sich für ihn nicht aus, was schmalere Außenwände ermöglichte, große Lichtgaden und Spitzbögen – dem Wiedererkennungswert kam das nur zugute. Ursprünglich hießen Bauten mit diesen Stilmitteln »Opus Francigenum«, erst 300 oder 400 Jahre später wurden sie als »gotisch« bezeichnet.

Der Baustil war eine Sensation. 1163 wurde in Paris Notre-Dame erbaut und elf Jahre später schon die Kathedrale von Canterbury umfangreich im gotischen Stil erneuert, viele Kathedralen und Kirchen überall in Europa folgten diesen Beispielen.[7] Es

---

7 Ken Folletts Roman *Die Säulen der Erde* ist zu diesem Thema überaus lesenswert.

dauerte weitere hundert Jahre, bis der Stil es in die Kirche von Causses schaffte, als ein Turm und zwei neue Kapellen mit gotischem Kreuzrippengewölbe hinzukamen. Außen wurden die gewölbten romanischen Torbögen durch gotische Spitzbögen und Wandpfeiler zu beiden Seiten ersetzt. Von unserem Wohnzimmerfenster sieht das alles sehr hübsch aus, doch offensichtlich nicht hübsch genug für einen Touristen, der 1855 entschied, dass die Kirche von weiteren Verzierungen profitieren würde. Also ritzte er seine Initialen und das Datum in das Gemäuer.

Die alten Damen im Dorf kümmern sich um die Kirche. Ich sehe sie häufig und grüße sie immer, wenn sie kommen und gehen. Ich bilde mir ein, dass sie ein Faible für mich haben, weil ich für sie einmal den John Robie gegeben habe und in zehn Metern Höhe von unserer Terrasse auf das Nachbardach geklettert bin, um eine Katze zu retten... die mich kratzte, weshalb ich beinahe herunterfiel. Die alten Damen sahen von der Place Jules Milhau hinauf und riefen »*Mon dieu*« und »*Oh, là là*« (das sagten sie wirklich), während ich mein Leben für ihre Mieze riskierte. Ich kletterte vollkommen erschöpft mit dem undankbaren Tier hinunter. Sie dankten mir, als ich auf den Platz taumelte und ihnen die Katze überreichte. Nach genauerer Betrachtung entschieden sie, dass die Katze doch nicht ihnen gehörte, bloß eine Streunerin, die sowieso allein heruntergefunden hätte. Ich wurde trotzdem eine Woche lang als Katzenfänger, *l'attrape-chat*, von Causses gefeiert.

Innen ist die Kirche von den Zeichen der Zeit, die seit ihrer Errichtung vergangen sind, nahezu unberührt geblieben, wenn man von den zwei kleinen Kapellen und dem Turm absieht. Eine der Kirchenglocken stammt aus dem Jahr 1667 und scheppert eher, denn der Geschichte nach bekam sie einen Sprung, als die Kirchenglocken am 11. November 1918 um elf Uhr nach Jahren der Stille das erste Mal wieder läuteten. Die gesamte Kirche wurde in den Siebzigerjahren sorgsam restauriert. Direkt am Torbogen zum Kirchplatz befinden sich die Keller von uns und unseren Nachbarn. Unser *cave* wurde früher scheinbar für Tiere genutzt, einschließlich Pferden, und der andere für die Wachmänner. Unser Keller sei ungewöhnlich, wie man mir vor einigen Jahren zu verstehen gab. Ich trödelte im Esszimmer herum, als sich eine Gruppe Studenten auf dem Platz versammelte. Sie entpuppten sich als Teilnehmer eines Kurses der Universität von Montpellier, die sich mittelalterliche Architektur ansahen. Die Professorin wies auf die großen Steine hin, aus denen die untere Ebene der Außenwand unseres Hauses bestand, und erklärte dann die verschiedenen Zeiten, aus denen die Steine stammten. Sie erwähnte auch die vier Schlitzöffnungen, die anderthalb Meter über dem Boden an der Außenwand zu sehen waren. Doch auf der Innenseite befanden sie sich knapp drei Meter über dem Boden. Ich habe die Professorin dann gefragt, ob sie gern in unser Haus hineingehen würden, um es sich anzuschauen. Sie packte die Gelegenheit beim Schopf. Meine Güte, was war sie beeindruckt. Begeistert erzählte sie mir, dass das Tonnendach recht üblich sei, aber die Tatsache, dass das Dach auf einer Seite rund sei und zu den Schlitzöffnungen hin abflache, sei sehr ungewöhnlich. Ich bekam den Eindruck, dass es nur wenige Gebäude dieser Art in der Gegend gab, und zwar aus dem Grund, dass sie schwierig zu errichten waren und zum Einstürzen neigten. Sie versicherte mir jedoch, dass unser Haus, da es seit etwa tausend Jahren stand, wohl nicht in nächster Zeit in sich zusammenfallen würde.

In einer Ecke unseres Kellers gibt es eine Holztür, die zur Treppe der Nachbarn führt. Sie haben ebenfalls eine Tür, die in den nächsten Keller führt, immer so weiter, den ganzen Weg ums Dorf herum. Wir haben auch noch aufgebockte Fässer, die aus der Mitte des 18. Jahrhunderts stammen. Wundersamerweise sind sie perfekt erhalten, ebenso die Utensilien, die man für ihren Betrieb brauchte, mitsamt gusseisernen Abdeckungen und Marmorplatten, die möglicherweise aus dem örtlichen, wenn auch längst geschlossenen, Steinbruch einige Kilometer in Richtung des Dorfes Saint-Nazaire-de-Ladarez stammen. Es gibt außerdem vier riesige »Füße« aus Stein, die Fässer von zweieinhalb oder drei Metern Durchmesser gefasst haben könnten. Wenn ich durch Sie, die das Buch gekauft haben, ein bisschen was verdient habe, werde ich es alles herrichten. Und danach schmeißen wir dort unten eine Party. Ich träume davon, ein kleines Theater aus diesem Ort zu machen: Oben auf den Fässern wäre die erhöhte Bühne, der Durchbruch zum anderen Teil des Hauses der Backstage-Bereich und der Ankleideraum, und unser *cave* würde Platz für ein Publikum von etwa dreißig bis vierzig Leuten bieten.

***

Alte Geschichte findet man nicht nur im Dorf, sie ist überall. Es gibt Belege, dass seit rund 4000 Jahren Menschen in oder um Causses leben. Eisenzeitliche Graburnen wurden einige Kilometer entfernt in den Weinbergen bei Fonsalade ausgegraben. Das faszinierendste Relikt, zumindest meiner Meinung nach, sind jedoch zwei walzenförmige Steintürme, die etwa sechs Meter hoch sind und zweieinhalb bis drei Meter Durchmesser haben – zu sehen sind sie auf dem Weg von Murviel ins Dorf auf den Feldern. Es gibt eine Vielzahl an Theorien, wie alt sie sind und wozu sie benutzt wurden, doch 2011 löste Roland Haurillon, ein berühmter französischer Archäologe, das Problem auf ganz einfache Weise. Er befragte die hiesige Bevölkerung und kam zu dem Ergebnis: »Anstatt sich vorzustellen, es handle sich um römische Trophäen oder ein unpraktisches Aquädukt, sollten wir den alten Leuten aus dem Dorf zuhören, die von der ›Quelle der Wasserhähne‹ sprachen, den ›*pilas*‹ (Steinbecken) und den wohlbekannten örtlichen ›Bleiglanzvorkommen‹.«

All dies führt zu einer einfachen Schlussfolgerung: Die Türme waren Teil einer Bewässerungsanlage, die von der Dorfquelle in der Rue de la Fontaine als Wasserhähne bis zu dem Ort, wo die noble römische Villa in Veyran stand, führte. Das Wasser floss durch das Tal durch ein unterirdisches Bleirohr, wobei Druck entstand, und die Türme regulierten diesen, denn das Wasser musste dann durch ein umgekehrtes Abflusssystem hinauf in die Becken fließen. Ich glaube, es diente dazu, etwas zu verhindern, was die Bevölkerung »Wasserhammer« nannte. Das Blei ist inzwischen verschwunden, aber in der Folklore bleibt es bestehen. Bei Haurillons Ausgrabungen wurden knapp alle drei Meter gemauerte Platten unter der Erde gefunden, auf denen die Bleirohre befestigt waren, und »Ellenbogen« auf beiden Seiten der Turmfundamente, die zum obigen Rohr deuteten. Das war keine eigens für Causses entworfene Lösung, um Wasser zu transportieren. Es ist eine bekannte Technik, die *souterazi* oder *souterrain* genannt wird. In Pompeji und überall im Römischen Reich gab es ähnliche Konstrukte.

***

Geschichte ist in der Gegend etwas Familiäres. Man sieht die Schatten normaler Menschen, die ihr Leben hier lebten. Ich nehme häufig Geister wahr, die in der Hitze schuften, und Wagen, die von Pferden gezogen werden, die wegen der Sommerhitze die Köpfe hängen lassen. Ich glaube, Narben an den Händen der Frauen und Schweiß auf den Augenbrauen zu sehen, widerhallendes Gehämmer auf Stein und erhobene Stimmen. In unserem *cave* sind Männer, die Wein herstellen, und auf dem *grenier* gabeln sie Heu auf, die Gesichter voller Staub. In den Schlafzimmern nähen Frauen, und am Fenster mit dem Blick auf die Kirche rauchen die Männer. Auf der anderen Seite des Platzes geht Jules Milhau zu einer Ratssitzung, und ein Mann öffnet nach einem langen Tag auf den Feldern die knarzende Tür des Hauses an der Place de l'Église. Sie vermischen sich mit meinen Erinnerungen. Erinnerungen an meine Familie. An George, Freya und Kaz. Es sind Erinnerungen an gemeinsame Mahlzeiten in der frühen Dämmerung, an morgendliche Spaziergänge, bevor es zu heiß wurde. Erinnerungen an Georges raues, schallendes Gelächter, den Kopf in den Nacken geworfen und sich vor Heiterkeit schüttelnd.

Mein Vater war an heißen Sommertagen in seinem Garten immer am glücklichsten, wenn er sich um sein Gemüse kümmerte. Als er im Ruhestand war, machte er ständig »ein bisschen was unten im Garten«. Er war braun wie ein Brathähnchen und pfiff bei der Arbeit. Eines Abends kamen wir ins Plaudern, während wir zusahen, wie die Blutsonne über seinem Grundstück in Derbyshire unterging. Wir tranken kalten Weißwein, und er sinnierte, dass es sein Traum sei, den Rest seiner Tage in Südfrankreich zu verbringen und sich dort in der Sonne zu aalen. Er liebte die Hitze. Je heißer es wurde, desto zufriedener war er. Er konnte bei 30 Grad Celsius den ganzen Tag lang arbeiten und steckte es locker weg. »Eines schönen Tages«, sagte ich, »werden wir dort etwas kaufen.«

An einem Dienstag in der dritten Januarwoche 1999 rief er mich an. Er erzählte mir in einem sachlichen Ton, er habe Krebs und bereits Lebermetastasen, daher hätte er noch vielleicht drei Monate, mehr nicht. Wir hatten ihn erst wenige Wochen zuvor an Weihnachten gesehen. Ich sagte, ich würde sofort zu ihnen kommen. Er antwortete mir, es sei in Ordnung und ich solle mich nicht hetzen. Er habe Zeit und erwarte mich zum Wochenende. Ich sagte, ich würde sofort losfahren. Ich legte auf, erzählte Kaz und den Kindern davon, und am nächsten Morgen reisten wir alle zusammen hoch. Die Autofahrt war still, geordnet und trist. Als wir ankamen, saß mein Vater in seinem gewohnten Sessel, die

Gelbsucht deutlich sichtbar. Er stand wackelig auf, und ich half ihm zu seinem Sessel zurück. Meine Mutter war in der Küche, wie immer, und schälte Kartoffeln für einen Shepherd's Pie und kochte Kohl. Ich gab ihr keinen Begrüßungskuss. In unserer Familie wurde nicht viel geküsst.

Wir verbrachten den Tag plaudernd. Über dies und das. Was ich vorhatte, wie es den Kindern ging und was Kaz beschäftigte. Mein Vater war dünn und hustete hin und wieder, doch nicht spektakulär. Nur einmal konnten wir hinter seine Fassade blicken, als er sagte: »Ich wünschte, ich könnte miterleben, was aus George und Freya wird. Ich frage mich, was sie später machen und wer sie einmal sein werden.« Ich schluckte die Tränen hinunter. In unserer Familie wurde nicht viel geweint.

An jenem Abend redeten wir noch viel am offenen Feuer, und der Fernseher blieb aus. Ich erinnerte ihn an einen Tag vor einigen Jahren, als er mir erzählt hatte, er brauche einen Bypass und dass die Wartezeit des staatlichen Gesundheitsdienstes acht Monate betrage. Wir saßen im Garten, genossen den warmen April und sahen zu, wie der Wind durch die benachbarten Gerstenfelder strich. Ich fragte ihn, ob er das Geld für eine Privatbehandlung hätte. Eine lange Pause entstand. Schließlich bejahte er, meinte aber, er würde das Geld lieber sparen. »Wie viel ist dir ein Sommer wert?«, fragte ich. Er schwieg wieder. Dann stand er auf und ging langsam ins Haus.

Eine Woche später rief er mich an. Er sagte, er habe einen Platz in einer Privatklinik. »Es wird etwa 12 000 Pfund kosten, und der Termin ist Ende Mai.« Ich war sehr froh darüber, und das sagte ich ihm auch. Dann fragte ich ihn, ob er wolle, dass ich ihn in die Klinik bringe. »Das wäre sehr nett«, erwiderte er.

Ich glaube, ich war damals knapp fünfunddreißig Jahre alt, als wir nach dem Frühstück ins Auto stiegen und die einstündige Fahrt antraten. Er erzählte außergewöhnlich viel. Ich erinnere mich nicht mehr, was ihn beschäftigt hatte. Als wir ankamen, ging ich um das Auto, öffnete ihm die Tür auf und griff nach seiner Tasche. Er nahm sie mir ab. »Die trage ich, alter Mann«, sagte er. »Ich finde den Weg allein.« Er schüttelte mir die Hand und schritt langsam über den Parkplatz zur Klinik.

***

Wir gingen früh zu Bett. Ich schlief nicht viel. Ich hörte meinen Vater umherschlurfen und meine Mutter, die ihm Wasser brachte. Er war umgezogen, in das dritte Schlafzimmer, das alte Zimmer meiner Schwester. Er wollte meine Mutter nicht stören. Sie verstand. Am Morgen blieb er liegen. Der Arzt kam und verschrieb ihm Morphin. Irgendwie spürte ich, dass es schneller ging als erwartet, aber ich wollte es nicht wahrhaben. Am Abend musste ich nach Hause, also betrat ich sein Zimmer, um ihn zu sehen. Er hatte den ganzen Tag keine Besucher gewollt. Er war hochgelagert und leicht zur Seite gerutscht. Er lächelte, als ich hereinkam. Ich erklärte ihm, dass ich gehen müsse, aber in einigen Tagen zurück sein würde. »Das ist in Ordnung, alter Mann«, antwortete er langsam. »Ich gehe nirgendwo hin.« Ich setzte mich neben ihn und sagte: »Danke, Papa. Danke für alles. Entschuldige«, unterbrach ich mich. »Das klingt, als würde ich dir für den Sonntagsbraten danken.« Er lachte in sich hinein und umarmte mich. Das war die einzige Umarmung, an die ich mich erinnern kann. Ich stand auf und ging zur Tür. Ich weiß noch, wie die Dielen knarzten. Ich drehte mich zu ihm um, und er hatte die Augen geschlossen.

Er baute schnell ab, und ich kehrte drei Tage später zurück, als er ins Krankenhaus eingeliefert wurde. Zu diesem Zeitpunkt war er nicht mehr bei Bewusstsein. Ich verbrachte seine letzte Nacht damit, ihm vorzulesen. Meine Mutter und meine Schwester waren nach Hause gefahren, um zu schlafen, und ich saß ab Mitternacht bei ihm. Ich hatte einmal gelesen, dass der Hörsinn am längsten bleibt, also las ich ihm vor. Zeitweise hielt ich seine nun schmale, fleckige Hand. Die Sonne ging gegen sechs Uhr auf, und ich sah zu, wie der Himmel über Ashbourne aufklarte. Um neun Uhr starb er mit einem letzten tiefen Seufzer.

***

Im Juli fahre ich am späten Nachmittag in die Berge zum Orb, um im Fluss zu schwimmen. Es sind 38 Grad. Ich parke das Auto und öffne die Tür, heiße Luft strömt mir entgegen. Der Asphalt ist weich und glühend heiß. Ich blicke auf. Nicht weit entfernt arbeitet ein älterer Mann mit ausgefranstem, vergilbtem Strohhut oberkörperfrei am Rebhang. Seine Haut ist runzlig und von der Sonne gebräunt. Er richtet sich auf, lässt die Schultern kreisen und dreht sich zu mir um.

14

MITTAGESSEN MIT CAT UND BERNARD

Jules Milhau – Mit allen Tricks vertraut – Château d'Yquem – Picpoul – Le Coin Perdu – Mehr als bloß Gemäuer

Causses-et-Veyran liegt fast exakt in der Mitte des durch die Appellation d'origine contrôlée (AOC) zertifizierten Weinbaugebiets Saint-Chinian. Es trägt das Schutzsiegel seit 1982 und umfasst die älteste Weinbauregion des Languedoc. Das ist angemessen, denn der große Jules Milhau wurde in Causses-et-Veyran geboren. Wahrscheinlich haben Sie noch nie von ihm gehört, aber er ist einer der berühmtesten Franzosen des 20. Jahrhunderts. Durch das Fenster im *grenier* kann ich über den nach ihm benannten Platz zu seinem Haus blicken, an dem eine Tafel prangt:»Ici Naquit Jules Milhau 1903–1972, Maire de Causses-et-Veyran de 1945 à sa Mort«. Er liegt keine hundert Meter weiter unter einem großen Grabstein aus Marmor auf dem Friedhof von Causses begraben. Ich habe einmal einen flackernden schwarz-weißen Amateurfilm gesehen, in dem Jules altersschwach aus dem Haus kommt, die Haustür abschließt und am Haus an der Place de l'Église vorbei durch den Steinbogen auf die Place du Marché geht. Es war eindeutig Jules, doch das Bild war so unscharf, es hätte genauso gut der Onkel César Soubeyran aus Pagnols Romanverfilmung sein können, der durch Les Bastides Blanches stiefelte.

Jules wuchs in Causses auf, ging hier zur Schule und studierte schließlich an der Universität von Montpellier Mathematik und Physik, bevor er an der Küste, am Gymnasium von Agde, zu unterrichten anfing. Die Stadt Agde ist heute ein Synonym für den berühmtesten Nacktbadestrand in ganz Frankreich – vielleicht sogar der ganzen Welt. 1935 veröffentlichte Jules eine Dissertation mit dem Titel *Etude économétrique du prix du vin en France* (Ökonomische Untersuchung des Weinpreises in Frankreich), worin er ein ewiges Problem behandelt: die Prognose des Weinpreises, sobald die Trauben geerntet sind, wodurch der Markt geregelt wird. Jules stellte nicht nur Regeln für den französischen Weinmarkt auf, er unterstützte außerdem noch die Bewegung des Mutualismus und kämpfte als politischer Aktivist in Hérault für die wirtschaftlichen Rechte der Leute. Seine Eltern gründeten in Causses eine der ersten Gegenseitigkeitsgesellschaften Frankreichs.

Saint-Chinian umfasst zwanzig Dörfer, die Teil des AOC sind, darunter einige wirklich gute Weinberge. Ich werde mich nicht endlos über Wein auslassen, denn da bekomme ich nur Ärger. Besonders in Frankreich. Victor Hugo sagte einmal: »Gott machte nur das Wasser, doch der Mensch den Wein.« Wenn es um Wein geht, ist für Amateure kein Platz. Ich spreche da aus Erfahrung.

Unsere Nachbarn Bengt und Neta, natürlich Schweden, sind richtige Weinkenner. Das gilt hier tatsächlich für alle Schweden. Ich habe sie einmal gefragt, woran es liegt, dass die Schweden so viel über guten Wein wissen. In diesem nordischen Land kann man Alkohol nur in staatlichen Spirituosenläden oder in lizenzierten Geschäften kaufen. Der Preis wird vom Staat geregelt und ist sehr hoch, etwa doppelt so hoch wie in Deutschland. Es ist schon seit Jahrzehnten so, und in der Konsequenz verzichten zwei Drittel der Schweden von Montag bis Donnerstag auf Alkohol. Wenn man jedoch trinkt, dann kostet guter Wein nicht viel mehr als mieser Wein, weil die Steuern so hoch sind. Deshalb haben die meisten wohlhabenden Schweden Ahnung von Wein.

Mein Vater war eine Art Weinhändler. In den frühen Achtzigern fing er an, Pubs und Restaurants in Derbyshire Dales zu beliefern. Abgesehen von den Touristen in Manchester und Sheffield gab es auf dem platten Land wenig Interesse an etwas anderem als frisch gezapftem Bier und Cider. Einige progressive Gastronomen und Wirte ließen ihn jedoch eine Weinliste mit Gewinnanteil erstellen. Er verwaltete den Warenbestand, wobei er die Auswahl gering hielt, meist Liebfrauenmilch und dann etwas für die Mutigeren, zum Beispiel Côtes du Rhône. Das Geschäft lief gut und wuchs stetig, besonders in den Restaurants. Die Verkaufszahlen der traditionellen Getränke litten nicht, denn der Wein wurde zum Essen getrunken, und zuvor waren die Leute einfach nur an die Bar gegangen. Mein Vater stellte sich selbst einen kleinen feinen Weinkeller unter der Treppe zusammen: Pomerol, Fronsac und Saint-Émilion, wobei er die kleinen Flaschen verschiedener Weinberge in seiner Ausgabe von Henri Enjalberts *Great Bordeaux Wines* abhakte. Ich besitze das Buch noch. Es steht im Regal zwischen *An Encyclopedia of the Wines and Domaines of France* von Clive Coates und meiner Ausgabe von John Timpsons *Country Churches*.

Damals wusste ich nichts über Wein. Nicht dass ich heute mehr wüsste, und um ehrlich zu sein, war ich auch nicht sonderlich daran interessiert, mehr zu erfahren. Mein Dad fand das unheimlich schade. Hin und wieder machte er eine Schlossabfüllung aus Saint-Émilion auf und versuchte mich dazu zu bringen, den Wein geräuschvoll zu verkosten, während er kommentierte, was ich riechen und schmecken sollte.

Letzten Endes nahm ich hier und da etwas mit, doch um sich wirklich besser auskennen zu wollen, brauchte es eine Offenbarung. Irgendwann um 1999 wurde ich zu einem Abendessen im Le Pont de la Tour, einem Restaurant im ehemaligen Lagerhauskomplex Butler's Wharf in London, eingeladen, um die Veröffentlichung eines Buches zu feiern. Wir waren mit dem Hauptgang fertig, als meine Chefin, die eigentlich gar nicht richtig meine Chefin war, dem berühmten Autor vorschlug, einen Dessertwein auszusuchen. Als der Sommelier auftauchte, behielt ich alles genau im Auge und sah, wie fleißig genickt und gelächelt wurde. Ein zweiter Sommelier tauchte auf, und ich dachte nur: Hallo. Bei Dessertwein hatte ich an eine Flasche Muscat de Beaumes-de-Venise oder zur Not an einen ungarischen Tokajer gedacht. Aber zwei Sommeliers? Das war vielversprechend. Vielleicht hatten sie etwas aus Sauternes. Das Duo kam mit einem Servierwagen und einer Flasche zurück, die aussah, als hätte sie die letzten hundert Jahre im Moor gelegen, und dekantierte den Wein. Auf dem Tisch tauchten kleine Kristallgläser auf, und ich wurde ganz ungeduldig und stieß meinen Sitznachbarn an, der sich gerade angeregt unterhielt. »Was denn?«, war seine Reaktion auf meinen dritten Knuff. »Pass auf«, bemerkte ich. »Ich glaube, der Autor sprengt gleich das Kreditlimit.« Er blickte auf, als die kleinen Gläser mit einer wahrhaft bernsteinfarbenen Flüssigkeit gefüllt wurden. Der Autor sagte nicht, was vor uns stand, er hob nur sein Glas, roch daran, nahm einen winzigen Schluck, schloss die Augen und schluckte ihn herunter. Also tat ich das Gleiche. Ich habe es nie vergessen. Süßer als der erste Kuss. Süßer als ein Engelschor. Süßer als ein gepuderter Babypopo. Unvergesslich – und jetzt klinge ich auch wie einer dieser Weinkenner, nicht wahr? Aber im Ernst, es war eine Epiphanie. Nicht dass um mich herum jemand etwas davon mitbekam. Ich prostete dem Autor zu, und als unsere Blicke sich trafen, nickte ich leicht und schloss ebenfalls andächtig die Augen.

Am nächsten Morgen blinkte mein Anrufbeantworter hektisch rot, als ich ins Büro kam. Es war früh. Es war Susan, die besagte Chefin. Ich rief sie zurück.

»Hallo, hier ist Tre...«
»Wissen Sie, was Vikram gestern ausgesucht hat?«
Ich war irritiert. »Also ich hatte den Dorsch, aber...«
»Zur Hölle damit! Wissen Sie, wie viel der Wein gekostet hat?«
»Dafür kann ich nichts. Sie haben ihn aufgefordert, den Dessertwein auszusuchen...«
Sie hatte aufgelegt.

Sagen wir so, ich fragte das Sommelier-Duo nach dem Wein, bevor ich ging. Es war ein 1983 Château d'Yquem 1er Grand Cru Classéu. Ich fragte, ob ich die leere Flasche bekommen könne. Sie verneinten und sahen mich an, als würde ich Badelatschen tragen.[8]

***

Als ich Kaz meinen Eltern vorstellte, tat mein Vater das, was jeder Sammler mit dem tut, das er sammelt. Er zählte seine Ausbeute, staubte sie ab und hakte sie in seinem Buch ab. Die Flaschen lagen in seinem Arbeitszimmer auf dem Boden. Wir waren am Sonntag zum Mittagessen dort, und er schlug der zukünftigen Mrs Dolby

---

[8] Scheinbar lag es nicht daran, dass ich ein Prolet war. Restaurants geben leere Flaschen nicht gern heraus, wenn der teure Wein ausgeschenkt ist. Die Flaschen tauchen eher auf zwielichtigen Internetseiten auf, damals vermutlich noch in Geschäften, frisch verkorkt und mit billigem Wein befüllt.

vor, sie könne sich eine Flasche aus seinem kleinen Weinkeller aussuchen. Sie verschwand, um sich umzusehen. Ich konnte das verschmitzte Grinsen im Blick meines Vaters erkennen, dieses »Dann wollen wir mal schauen, was sie auswählt«. Zehn Minuten vergingen, dann kam sie mit einer Flasche zurück, die sie meinem alten Herrn mit den Worten »Sie sagten, ich könne frei wählen. Ist das in Ordnung?« zögerlich zeigte. Er nahm sie entgegen, und das Gesicht entgleiste ihm, als hätte er gerade einen Blick in die Bundeslade erhascht. Es war seine beste Flasche. Jetzt hatte sie ihn. Und er hatte einen würdigen Gegner gefunden. Was konnte er schon anderes tun, als tapfer schwindelnd zu sagen: »Toll. Gute Wahl.« Meine Güte, was war ich stolz.

Meinem alten Herrn langte das jedoch nicht. Keineswegs. Bei den nachfolgenden Besuchen verbrüderten mein Vater und meine zukünftige Frau sich, und ich stand dumm da. Sie zankten und kicherten bei der Wahl des Weins, schenkten ein und probierten ihn, wobei sie unverständliche Bonmots zum Besten gaben und auf ihrer beider Weisheit anstießen. Es war zum Kotzen. Ich war ausgeschlossen. Ich bekam kein Glas. Man wirft ja keine Perlen vor die Säue. Doch irgendwann fingen sie an, mich einzubeziehen. Ein drittes Glas Rotwein kam auf den Tisch. Sie fragten mich nach meiner Meinung. Ich nahm einen Schluck und lobte den Wein, und sie kicherten noch mehr. Es dauerte eine Weile, bis ich herausfand, dass sie mir Billigwein einschenkten und sich die edlen Tropfen. Sehr lustig. Solche Fieslinge.

***

Als wir das Haus an der Place de l'Église kauften, galt Picpoul (manche sagen Piquepoul, eindeutig falsch) als der klumpfüßige Wein aus der Region, den Dorftrottel zum billigen Mittagsmenü tranken. Uns gefiel er, und wir suchten die Restaurants danach aus, ob im Preis eine halbe Karaffe inbegriffen war. Wir fuhren bis in das Dorf Pinet, besuchten die dortigen Winzer, verkosteten ihren Wein und legten dann für zwei bis drei Euro die Flasche einen Vorrat an.

Picpoul ist ein Dreieck zwischen Agde, Pézenas und Sète. Die Hypotenuse läuft am Étang de Thau[9] entlang. Übrigens bedeutet Picpoul übersetzt etwa »Lippenbeißer«, da der Wein so säurehaltig ist, weshalb er wiederum so gut zu Meeresfrüchten passt. Er besteht außerdem nur aus einer Traubensorte, was es leichter macht, ihn in gleichbleibender Qualität herzustellen.

Freya versucht, mir Austern als etwas Schmackhaftes anzupreisen. Hält sie eine Auster in der Hand, ist es nahezu unmöglich, sie abzulenken. Sie schlürft sie mit etwas Essig und frisch gehackter Schalotte direkt aus der Muschel. »Ist dir klar, dass die lebendig sind?«, habe ich sie einmal in einem unserer Lieblingsrestaurants mit Meerblick in Bouzigues gefragt. Sie sah mich irritiert an und nahm sich die nächste Auster vor.

Mit der Zeit wurde der Picpoul bekannter und tauchte hier und da in den Supermärkten von Béziers auf. Um 2008 fand ich ihn eines Tages auf der Karte eines noblen Londoner Restaurants wieder. Für 35 Pfund die Flasche.

Einige Weingüter bieten Picpoul sogar als Rosé an. Er ist weniger säurehaltig als der Weiße – meiner Ansicht nach hat er aber seine Existenzberechtigung verfehlt. Und dann gibt es noch den sagenumwobenen Roten, der hauptsächlich mit anderen Rebsorten vermischt wird, weil er so viel Alkohol enthält und recht hell ist. Die Einheimischen sagten uns einhellig, dass man sich nicht die Mühe machen müsste, nach ihm zu suchen, er sei es nicht

---

9   Am Étang de Thau wird fast ein Zehntel aller Austern Frankreichs produziert. Besuchen Sie das Restaurant Les Jardins d'Oc in Bouzigues und bestellen Sie Brasucade de moules. Lecken Sie außen an der Muschel, wenn Sie das Fleisch herausgenommen haben. Sie werden es mir danken.

wert, getrunken zu werden, wenn man ihn fand. Doch ich glaubte ihnen kein Wort. Ich hatte nämlich auch gehört, dass er richtig gut sei. Das letzte Geheimnis des Picpoul. Einige Eingeweihte wussten sogar, wo man den Roten pur bekam. Und dann lernte ich Bernard kennen. Ich erlebte einen Moment wie in dem Film *Ein gutes Jahr*, als Francis Duflot Max Skinner eine Flasche »Le Coin Perdu« bringt.

***

Ich kenne Cat, eine Literaturagentin, bereits seit knapp dreißig Jahren. Sie hatte ein Haus in der Nähe von Carcassonne gekauft und war gerade dabei, es zu renovieren, als wir unseres an der Place de l'Église erwarben. Ich telefonierte sogar gerade mit ihr, als wir ein Angebot für das Haus in Magalas abgaben, aus dem dann ja nichts wurde. Sie saß im Bus vom Flughafen zu ihrem Haus. Als sie hörte, was wir vorhatten, blieben wir in Kontakt, und sechs oder sieben Jahre später schafften wir es endlich, uns zum Mittagessen zu verabreden.

Gegen zwölf Uhr kamen wir bei ihr an, und sie führte uns auf eine Terrasse mit Blick auf die Weinfelder und Berge. Rankende Pflanzen boten uns Schatten. Es war nicht wie in der Werbung, nicht grün, üppig und hängend. Das hier war real. Leicht welk und braun, an einigen Stellen vertrocknet, dazwischen Blätter, die heruntergefallen waren und noch auf dem alten Holztisch und den gesprungenen Bodenfliesen lagen. Cat verschwand rasch in die kühlere dunkle Küche.

Und kurz danach tauchte Bernard auf.

Ich wusste, dass sie mit einem Einheimischen verbandelt war, aber es gab Einheimische und es gab Bernard. Er war komplett mit Gesteinsstaub bedeckt, eher schlecht als recht rasiert, untersetzt und kräftig, um die sechzig, er konnte jedoch auch genauso gut für fünfzig oder siebzig durchgehen. Er begrüßte uns, schüttelte mir die Hand und küsste Kaz dreimal, links-rechts-links. Cat kam zurück. »Nutzt die Zeit, die er hier ist. Nach dem Essen verzieht er sich recht schnell. Er steht morgens um fünf Uhr auf und arbeitet bis mittags um zwölf. Um Punkt eins steht er mitten im Satz auf, der Mittagsschlaf ruft.«

Sie hatten sich offenbar kennengelernt, als Cat im Dorf herumfragte, ob es jemanden gäbe, der vorbeikommen und einige Dinge im Haus richten könne. Bernard tauchte eines Morgens auf und blieb. Cat konnte damals nicht viel Französisch sprechen und Bernard absolut kein Englisch. Sie waren füreinander geschaffen.

Bernard war einmal in Montpellier gewesen, doch dort hatte es ihm nicht gefallen, sodass er nie wieder irgendwo hingefahren war. Nach einigen gemeinsamen Jahren überredete Cat ihn, mit ihr nach London zu reisen, wo sie noch ein Haus besaß. Er kam mit, aber die Stadt war nicht sein Ding. Die Unternehmung bestätigte ihn in allem, was er über die Menschheit bereits geahnt hatte. Er konnte gut darauf verzichten.

Cat renovierte ihr Haus immer dann, wenn das dazu nötige Geld vorhanden war. Von einem Vertrag ließ sie das Dach machen, vom nächsten den Pool, schließlich erwarb sie das benachbarte Grundstück, damit Bernard »beschäftigt« war. Um von ihrem Grundstück aus einen Zugang zu diesem zu haben, riss Bernard ein Loch in eine alte Steinwand und baute eine Tür ein, die aussah, als wäre sie schon seit Hunderten von Jahren dort. Auf dem anderen Grundstück steht eine riesige Scheune. Bernard hatte bereits das Dach repariert, doch darunter sah es wie auf einer ägyptischen Ausgrabungsstätte aus, inklusive Rampen, die bis in den in Teilen wunderschön gemauerten Steinkeller führten. Die Scheune war so groß, dass es mehrere Zugangswege in ihr gab, um von einem Ort zum anderen zu gelangen. Die Holztreppe hinauf kam man auf einen Speicher, der die Größe eines Flugzeughangars hatte. Über eine andere Treppe, die hinunterführte, erreichte man einen weiteren Teil der Scheune, der bis auf das Fundament renoviert war. Es war bewundernswert. Bernard hatte alles selbst gemacht. Das Mauerwerk war perfekt, die Holzarbeiten waren es genauso. Man würde ein Mikroskop brauchen, um Fehler in den Holztüren zu finden, die er bis ins Detail ersetzt hatte. Alles in allem ein Kunstwerk. Die Sache mit Bernard ist, dass er nichts tut, um fertig zu werden. Bernard verbringt die Zeit nicht mit etwas, er nutzt sie für etwas. Er nutzt sie für etwas, zu dem er etwas beiträgt. Anstatt die Dinge so schnell wie möglich zu erledigen, macht er sie so sorgfältig wie möglich.

Bernard spricht noch immer nicht viel Englisch, aber mit meinem bisschen Französisch und Kaz' viel besserem Französisch nahm das Mittagessen seinen Lauf, und wir lachten über dieselben Dinge. Oder zumindest glaube ich, dass wir über dieselben Dinge lachten. Wir aßen eine Tarte mit Tomaten, die Bernard selbst angebaut hatte. »*Délicieux*«, sagte ich. »*C'est rien*«, sagte er. Bernard erzählte uns von seinem Schrebergarten in den Bergen, einem Stück Land, das er seit Jahrzehnten bewirtschaftete. Cat reagierte leicht gereizt, denn er wollte ihr einfach nicht verraten, wo der Garten war. Sie war noch nie dort gewesen.

Um eins stand Bernard wie angekündigt auf und verschwand wortlos. Doch zu unserer Überraschung kehrte er fünf Minuten später mit einer entkorkten, etikettenlosen Flasche zurück. Cat riss die Augen weit auf. »Verdammt, Dolby! Wie hast du das angestellt? Bernard lässt seinen Mittagsschlaf nie aus, und er teilt nie, aber wirklich *nie* seinen Wein.« Bernard lächelte. Er kannte so ziemlich jedes Schimpfwort. Er schenkte uns ein. Ein kühler Rotwein. Nicht schwer, nicht leicht. Nicht dunkel, aber auch nicht ganz hell. Kalt war er, aber nicht wie aus dem Kühlschrank, sondern wie aus dem Keller. Ich nahm einen Schluck. Bernard lehnte sich zu mir.

»Picpoul«, sagte er verschwörerisch.
»Eh?«, fragte ich in meinem besten Französisch.
»Picpoul«, wiederholte er.
Cat meldete sich zu Wort. »Er hat Picpoul-Reben oben in seinem Garten. Er macht roten Picpoul.«
»Erzähl mir nichts. Wirklich? Roten Picpoul?«

Ich weiß nicht, ob es am Ort, der Person oder dem Moment lag, aber es war, als hätte man mir erlaubt, einen Blick in den Klub jener, die die Welt regieren, zu erhaschen (bekannt als Tischgesellschaften wie der Beefsteak Club). Bernard zufolge war damit alles gesagt. Hier ist der Wein. Es sei ihm ein Vergnügen. Trinkt. Genießt ihn.

Bernard blieb am Nachmittag wach und machte mit mir einen Rundgang, um mir seine Arbeit zu zeigen. Dann, so gegen drei, entschied er, dass es nun langte, er nickte uns zu und schlenderte davon. Er hielt den Kopf gesenkt, hing wohl seinen Gedanken nach, und hob die Hand zum Abschied.

Kurz darauf machten wir uns mit einer Geschichte und einem Geschenk von Bernard auf den Weg.

Das Geschenk war Zufriedenheit.

15

EINE BLAUE EIDECHSE UND EINE CHANTEUSE

Tod am Orb – Zwei Straßen weiter – Ein Gastwirt – Jean-Paul Belmondo – Liebe und Küsse

An einem heißen Nachmittag im Juli ertrank ich fast im Orb. Ich war dort mit einem Wasserschwein unter der mittelalterlichen Brücke geschwommen, als ich in die Stromschnellen bei der Mühle geriet. Zu dieser Zeit war Frankreich noch ein Ort, wo man selbst schuld war, wenn man so dumm war, sich zu verletzen oder umzubringen. Unsere angelsächsische Einstellung Risiken gegenüber war vor fünfzehn Jahren eine andere als die unserer gallischen Freunde. Im Gegensatz zu Großbritannien, wo so ziemlich überall Schilder hängen, die einen davor warnen, dass einen etwas umbringen wird, ist in Frankreich Ihre Dummheit Ihr Pech. Sie wollen sich zu Tode rauchen? *Fumez tout le jour, mon frère.* Trinken, bis die Leber das Handtuch wirft? *Santé, copain!* Sie wollen erleben, wie es ist, wenn Sie jemand in einer nicht einsehbaren Kurve überholt und von einem Lkw erfasst wird? Ihre Schuld, denn Sie fuhren zu langsam.

Man muss sich nur die Strommasten angucken. In England sind sie auf dem Land mit Stacheldraht eingezäunt und praktisch Minenfelder, zusätzlich hängen dort riesige Schilder mit vom Blitz getroffenen Strichmännchen. Darunter steht »Todesgefahr! Nicht raufklettern. Und wenn Sie raufklettern, schaukeln Sie nicht an den Leitungen. Sie werden sterben.« In Frankreich? Nichts. Wenn Sie in den Bergen einen Strommast hinaufklettern und mit dem Hochseilartisten Philippe Petit spielen wollen, ist das Ihr Bier. *Tant pis.*

Die Bergstraße zum Restaurant Le Lézard Bleu ist mein persönliches Paradebeispiel. Ich bin sie schon tausendmal gefahren. Sie ist breit genug für genau ein Auto. Eine Lektion fürs Leben in Frankreich: In diesen Situationen ist die Straße so breit wie das Auto, das einem entgegenkommt, nicht wie das eigene. Auf dem Weg nach Vieussan erlebte ich einen Moment wie aus einer Parallelwelt. Auf fünf Kilometern gibt es zur rechten Seite nur Stein und zur linken geht es, abgesehen von einer fünfzig Meter langen Ausweichstelle auf halber Strecke, hundert Meter nach unten. Genau an der Stelle wurden wir von der Straße gedrängt. Jede andere Stelle – und man hätte uns als Entrecôte servieren können. Ich bekreuzige mich und danke Gott, wenn wir nun dort vorbeifahren. Es scheint mir höflich, immerhin irgendjemandem zu danken.

***

Hier war ich also, schwamm mit Roquebrun zu meiner Linken, und mein Freund, das Wasserschwein, war in die andere Richtung gepaddelt. Roquebrun ist wirklich postkartenmäßig hübsch. Die Steinhäuser schmiegen sich an den Berg, und das Dorf hat obendrein einen mittelalterlichen Kirchturm und eine südländische Gartenanlage. Vor mir ist eine Stauanlage, die das Wasser an den Seiten entlang sanft dahinplätschern lässt. Rechts von mir ist eine Schleuse, durch die der Wasserschwall mit der Kraft einer

Hoover-Talsperre wie flüssiges Blei strömt. Je näher ich herankomme, desto stärker spüre ich den Sog der Schleuse. Ich sehe mich um. Keine Warnschilder. In Ordnung, denke ich, keinerlei Gefahr, und schwimme weiter, während die Strömung an mir zieht. Dann wird das Ganze brenzlig. Plötzlich greift eine riesige Hand nach mir, das Wasser wird immer schneller und zerrt mich immer stärker in Richtung der Schleuse. Ich halte mich eigentlich für einen ziemlich vernünftigen Typ, aber glauben Sie mir, ich geriet in Panik. Ich sehe das Wasser in einer großen säuselnden Welle sehr schnell durch die Schranke und danach über einen Meter tief in eine tosende Flut rauschen. Jetzt komme ich richtig in Fahrt, und als die Schleuse sich nähert, greife ich nach allem, an dem ich mich festhalten kann. Treffer. An einer Seite ist eine Stange, daran waren offensichtlich einmal die Gatter befestigt. Stellen Sie sich hier bitte Buster Keaton horizontal im Wirbelsturm vor, der mit einer Hand seinen Hut festhält und mit der anderen die Türklinke. Das kann kein gutes Ende nehmen. Kurz darauf reißt es mich von der Stange und unter Wasser, hinunter in das brodelnde Chaos. Ich überschlage mich, und alles, woran ich denken kann, ist, dass ich auf meinen Kopf aufpassen sollte, also schütze ich ihn bestmöglich mit den Armen, und dann geht es über die Kante. Wissen Sie, was ich gedacht habe, als die Besinnung mich verließ? Ich hätte die Brille abnehmen sollen. Jupp, welcher Idiot geht auch mit Brille schwimmen? Bums... Ich knalle links gegen etwas, und der Arm bricht. Knirsch... Das Knie angeschlagen. Paff... Die Hand über meinem Kopf schlägt gegen einen Stein. Langsam fühle ich mich wirklich benommen.

Natürlich überlebe ich, doch in welchem Zustand, das ist das eigentlich Spannende. Ich tauche wieder auf, klammere mich an einen Stein, ziehe mich zu meinem entsetzten Publikum hoch, das das ganze Spektakel beobachtet hat. Ich sehe mich um, doch da ist nichts. Niemand, so scheint es, keiner der gut 200 Leute in der Nähe haben es bemerkt. Ich inspiziere den Schaden. Arm, Bein und Hand sind voller Blut, aber intakt. Ich taumele das Ufer hinauf. Eine englische Stimme meldet sich zu Wort. »Hello. Geht es Ihnen gut? Ich habe gesehen, wie Sie dort über die Schleuse rauschten. Völliger Wahnsinn. Weit und breit keine Warnhinweise. Dabei können Menschen umkommen. Geht es Ihnen gut?«

***

An jenem Abend entschieden wir, dass angesichts meiner Nahtoderfahrung ein Abendessen im Le Lézard Bleu angebracht war. Roquebrun liegt etwa ein Drittel des Weges auf der Strecke von Causses nach Vieussan. Man fährt durch das Dorf Ceps, danach geht es steil die Berge hoch. Wir versuchen jedes Mal, so spät wie möglich aufzubrechen, denn die Sonnenuntergänge dort sind grandios. Ich saß hinter dem Steuer. Mrs Dolby ist nicht erbaut davon, sich mit einem Citroën eine Bergstraße zu erkämpfen.

KAZ: Nimmst du meine Brille noch ab, bevor wir ins Restaurant gehen? Ich kann nicht glauben, dass du nur eine eingepackt hast.

ICH: Warum? Dann kann ich die Karte nicht lesen.

KAZ: Du siehst aus wie Dame Edna Everage.

ICH: Ich dachte, ich gehe vielleicht als Audrey Hepburn in *Frühstück bei Tiffany* durch. Du weißt schon, die Partyszene mit Rusty Trawler. Ich hätte gern so einen Namen. Was hältst du von Bob Baumeister?

KAZ: Audrey Hepburn hat in keinem ihrer Filme eine Brille getragen. Sie hat Sonnenbrillen getragen. Cat-Eye-Sonnenbrillen.

ICH: Ja, genau wie diese.

KAZ: Du ähnelst Audrey Hepburn genauso sehr wie ich Winston Churchill... ach, vergiss es!

ICH: Gut, dass unsere Sehstärke fast gleich ist.

KAZ: Sicher, fast gleich, abgesehen davon, dass du sie verkehrt herum trägst.
ICH: Aber deshalb trage ich sie ja verkehrt herum.
KAZ: Und ich habe mich schon gefragt, wozu du Gummibänder um den Kopf hast.
ICH: Das hat nichts mit der Brille zu tun. Sie halten meinen Schädel zusammen. Neben dem gebrochenen Arm, dem gebrochenen Bein und der gebrochenen Hand habe ich auch einen Teil von meinem Schädel verloren.
KAZ: Das war furchtbar, aber werd mal nicht melodramatisch. Deinem Schädel geht es gut.
ICH: Danke. Schön zu hören, dass sich jemand sorgt.
KAZ: Ich war sehr besorgt. Du hast mich zu Tode erschreckt. Dich so blutüberströmt auf uns zutorkeln zu sehen – fast wäre ich hysterisch geworden. Alles, was ich denken konnte, war: Wer wird dann die Bügelwäsche ignorieren? Nicht kochen? Den Müll vergessen?

***

Kurz nach unserem ersten Sommer in unserem neuen Haus stießen wir auf das Restaurant Le Lézard Bleu. An dieser Stelle muss ich vorsichtig sein. Es ist gefährlich zu behaupten, man habe es entdeckt. Ein möglicher Scheidungsgrund. Die Wahrheit ist, dass Kaz, George und Freya das Restaurant entdeckten, als ich in London war. Sie suchten am Orb nach einem Ort zum Schwimmen, fernab vom Pulk in Roquebrun, und damals hatte man uns das Geheimnis vom Strand bei Causses noch nicht anvertraut. Vielleicht verrate ich es im nächsten Buch. Kaz, George und Freya waren also in Vieussan im Fluss geschwommen und hatten entschieden, dass sie einen Nachmittagsdrink bräuchten. Und als sie an der Brücke rechts abbogen, erschien dort Le Lézard Bleu. In der Gegend ist das Lokal ziemlich einzigartig, denn inzwischen gibt es im Langedoc mehr Pizzaläden als in Italien. Le Lézard ist wie eine Zeitreise.

Als wir in den frühen Neunzigern in der Provence Urlaub machten, aßen wir in Bonnieux im Café de la Gare zu Mittag, das damals noch ziemlich genau so war, wie Peter Mayle es in seinem Buch *Mein Jahr in der Provence* drei oder vier Jahre zuvor beschrieben hatte. Ich erinnere mich an eine Tür ohne Schild, die in ein altes Haus neben dem stillgelegten Bahnhof und der staubigen, ausgefahrenen Straße führte. Mittags um Punkt zwölf näherten sich Trecker und in die Jahre gekommene Renaults 4 praktisch in Kolonne. Alte junge Männer in dreckigen Latzhosen und wirklich alte Männer wie aus dem französischen Film *Jean Florette* entsprungen schlenderten herein. Nachdem man uns den Tipp gegeben hatte, fuhren wir hin und griffen zögerlich nach der Türklinke. Wir kamen nicht hinein. Wie wir rasch lernten, funktionierte die Türklinke anders herum. Drinnen war es voller Qualm und roch ein wenig wie das Nashorn-Haus im Londoner Zoo. Jeder Kopf, alles Männer, drehte sich zu uns um, als wären die Reiter der Apokalypse vor ihren Augen aufgetaucht. Es gab keine Speisekarte. Wie aus dem Nichts standen plötzlich Périgord-Gläser vor uns auf dem Tisch und eine etikettenlose Flasche mit etwas darin, das nach wässrigem Rotwein aussah. Eine Serviette mit einem in Stücke zerrissenen Baguette folgte und gleich darauf Teller mit etwas, das wie Hühnereintopf aussah. Es war schwierig zu sagen, was genau uns serviert wurde, denn im Restaurant war es so düster wie in einer Raucherlunge. Man hörte nichts außer dem Klappern von Besteck. Wir langten zu. Es war köstlich. Sämig, gehaltvoll und süßlich. Wir taten es dem Nachbartisch nach und tunkten Stücke des fluffigen, knusprigen, weißen Brots in die Brühe und steckten sie uns in den Mund. Der Wein war tatsächlich wässrig, aber ideal, um ihn mit dem Brot und der Suppe herunterzustürzen. Ich bezweifle, dass der Wein viel Alkohol hatte, eher wie ein kleines Bier.

Nach fünfzehn Minuten waren wir fertig und wieder fort. Ich erinnere mich nicht daran, was es kostete. Vermutlich umgerechnet rund vier Pfund pro Nase, vielleicht auch weniger. Wir schwärmten Jahre von dem Essen, bis wir es wieder dorthin schafften. Da waren die Massen dank Mayle schon dort gewesen. Auch war das Restaurant verkauft worden und besaß nun einen Empfangstresen, Speisekarten, Tischdecken, zudem fiel Licht herein. Auf der Rückseite des Gebäudes stand auf dem neu gesäten Rasen eine Tischtennisplatte. Schließlich kaufte Pierre Cardin das Restaurant und hängte gerahmte Schwarz-Weiß-Bilder an die Wände.

***

Nimmt man die Brücke über die Schlucht und fährt dann hinunter ins Tal, liegt Vieussan auf der rechten Seite und schmiegt sich an den Berghang wie Geröll. Ganz unten am Fluss befindet sich das Restaurant Le Lézard Bleu.

Wir besuchten es zehn Jahre lang, bevor wir Rik Kat kennenlernten. Jedes Mal reservierte ich in meinem experimentellen Französisch einen Tisch auf der Terrasse. Wir fuhren hin und wurden auf Französisch begrüßt. Wir bestellten auf Französisch – »*Le Menu*« –, aßen, dankten ihm, zahlten und gingen wieder. Mit den Jahren erkannten wir, dass Rik perfekt Englisch, Deutsch, Französisch und Niederländisch sprach. Das hatten wir uns selbst eingebrockt. Als wir im Winter zu ihm gingen, waren wir so ziemlich die einzigen Gäste, von den Einheimischen, die an der Bar tranken und lachten, einmal abgesehen.

Rik deckte uns einen Tisch neben einem riesigen Holzofen ein, der rußschwarz war und unter dessen Rost graue Asche hervorquoll. Es war warm und behaglich, und während der kalte

Wind durch das Tal fegte und an den Fenstern rüttelte, tranken wir süßen Rotwein aus Saint-Chinian und ließen uns den Schweineeintopf mit Kartoffeln schmecken. Ich machte mich mit Riks Lagerbier-Sammlung vertraut. Hinter der Bar und in einem großen Kühlschrank neben den Toiletten standen etwa hundert verschiedene Marken. Die Toiletten waren eine Besonderheit. Das Maskottchen des Restaurants ist eine blaue Comic-Eidechse, die die Gäste an das richtige Benehmen auf den Toiletten erinnert.

An einem kalten Abend brachen wir das Eis. An den Wänden hängen Kunstwerke, die Plattenhüllen darstellen, es sind nicht die Cover der Alben selbst: *The Court Of The Crimson King*, *Led Zep IV*, *Pin Ups* von Bowie. Natürlich sind die Kunstwerke nicht Originale, sondern Kopien. Eine hervorragende Sammlung. Nur das Beste. Wir unterhielten uns darüber auf Englisch, und meine Güte, der Mann hatte Ahnung. Rik war in den Achtzigern aus Holland nach Südfrankreich gekommen, in der Absicht, einige seiner Freunde über den Sommer in Roquebrune zu besuchen, wobei ich ihn nie danach gefragt habe, ob die Geschichte wahr ist, doch sie ist einfach zu gut, um erfunden zu sein. Rik schlug in Roquebrun auf. Doch Roquebrune-Cap-Martin, wo seine Kumpels feierten, liegt zwischen Monaco und Menton, fast schon an der italienischen Grenze, also gut 500 Kilometer entfernt. In Roquebrun angekommen, entschied er, dass es ihm zu mühselig war, weiter bis Roquebrune-Cap-Martin zu reisen. Er blieb. Er lernte seine Frau Manue kennen und eröffnete schließlich Le Lézard Bleu in einer alten Remise, wo seit den 1850ern Gäste bedient worden waren. Über die Jahrzehnte hinweg war es pleitegegangen, wiedereröffnet worden, erneut pleitegegangen und abermals eröffnet worden. Die Kats sind um die fünfzehn Jahre vor uns angekommen, Manue in der Küche und Rik vorne im Gastraum.

Wenn Sie auf die Website von Tripadvisor schauen – ich wüsste nicht, wozu, aber manche Leute tun das –, werden Sie fast nur

Bewertungen wie »Ausgezeichnet« oder »Sehr gut« finden. Es gibt zwei oder drei schlechte Bewertungen, aber das sagt mehr über die Urheber aus als über Le Lézard Bleu. Etwa: »Wir waren mit einer Gruppe von 300 Personen dort, und sie hatten nicht genug Platz für uns. Ich war entsetzt. Wollen diese Bauern unser Geld nicht?«

***

Als wir Rik näher kennenlernten, wurde uns klar, dass er bereits alles über uns wusste. Wie geht es euren Kindern? Wie gefällt euch Causses? Wie ist London heute? Ich musste lachen. Warum hatte er bisher nicht mit uns geredet? Er zuckte mit den Schultern. »Du wolltest sichtbar dein Ding machen. Französisch üben, essen und wieder fahren.« Abermals zuckte er mit den Schultern. »Ich bin Gastwirt.«

Auf Riks Terrasse bin ich am glücklichsten. Ich kann die Augen schließen und spüre die warme Sommerbrise auf dem Gesicht, die durch den Limettenbaum fährt. Am Abend gehen die bunten Lampen an, es herrscht reges Treiben, ein Stimmengewirr verschiedener Sprachen, Abendessen wie selbst gekocht, nur dass man es zu Hause nicht kochen würde.

Danach klettert man für eine langsame Rückfahrt ins Auto, während die Hitze des Tages zum Himmel hochsteigt und die Dunkelheit sich sanft über die Berge und in die Täler legt. Meist ist es eine ruhige Heimfahrt. Doch eines Abends steht eine Ginsterkatze mitten auf der Straße, und das Scheinwerferlicht spiegelt sich in ihren rosa Augen. Sie ist dick und gesund, der lange Schwanz gestreift, der Körper gefleckt. Sie ist unbekümmert. Sieht uns an und huscht in die Strauchheide davon. Ein Stück weiter müssen wir erneut halten und sehen *sangliers* – Wildschweine –, eine Familie, die über die Straße läuft. Die Sau voraus, dann eine Schar Frischlinge, und der alte Herr passt hinten auf.

***

Wenn Le Lézard Bleu das Angler's Rest ist, dann ist die Bar in Causses wie das Pub Queen Victoria aus der Soap Opera *EastEnders*. In der Bar in Causses bekommt man immer Drama zu sehen.

Nachdem Dido gegangen war, stand die Bar eine Weile leer, doch bald schon trafen René und Patricia ein. René war wie dafür geschaffen, ein Jean-Paul Belmondo vom Dorf. Es war nicht schwierig, ihn sich an Jean Sebergs Seite vorzustellen. Als Patricia und er vor einigen Jahren herkamen, war er Ende sechzig, freundlich, rücksichtsvoll und still. Sie hatten ein Fischgeschäft und ein Restaurant an der Küste bei Mèze besessen und wollten eine Veränderung. Also zogen sie nach Causses, wo sie weiterhin die leckersten Tapas überhaupt servierten: Knoblauch-Garnelen, Messermuscheln (*couteau*), Taschenkrebse (*tourteau*) und Austern aus Bouzigues. René war wortkarg, doch er strotzte vor Charme und Besonnenheit.

Er machte die Bar morgens um sieben auf, saß draußen, rauchte Zigaretten, die nach Teer rochen, und trank Kaffee, der nach Teer aussah. Er hatte ein gutes Gefühl für die Leute. Wenn man sein Glas Rosé ausgetrunken hatte, wusste er, ob man blieb oder ging. Kaum berührte das Glas den Tisch, füllte er es auf eine Art und Weise auf, dass man es kaum bemerkte.

René spricht kein Englisch. Kein Wort. Er hat auch nicht vor, Englisch zu sprechen. Jemals. Sprachen spalten nach René. Wen interessiert's? Für ihn sind die Leute eben, wie sie sind. In seinem Beisein sind die Leute zufrieden. Nicht, dass er keine Meinung hätte. Er demonstriert seine Ansichten gelegentlich mit einem Blick oder Seufzer. In einer Welt, in der Klatsch eine Währung ist, wäre René der Ärmste im Dorf und doch reicher als alle zusammen.

Und dann war da noch Patricia. Klein und kurvig, während René groß und schlank war. René ruhig, Patricia so widerspenstig wie Katharina aus Padua. Und sie konnte trinken. Es war allein Renés Schuld, dass sie trank. Und die der Bar, die sie liebte, weil sie die Menschen liebte, jedoch auch hasste, weil sie so viele Stunden dort verbrachten. René. Ihr Ehemann. Der attraktivste Mann, den sie je gesehen hatte, dem aber die Leidenschaft abhandengekommen war.

Patricia teilte ihre Trauer auf die einzige Art mit, die sie kannte. Sie sang. Meine Güte, und wie sie sang. Ein paar Getränke, und nach Mitternacht stand sie mit wackligen Beinen unaufgefordert auf und sang Édith Piaf besser als Édith Piaf. A cappella. Die Augen geschlossen, die Hände zum Himmel, und irgendwann fiel sie wie eine Marionette in sich zusammen, der man die Bänder durchgeschnitten hatte, so verzweifelt, wie die Liedtexte es verlangten. Sie hatte das Talent und die Seele einer Chanteuse, doch das Leben hatte sich gegen sie verschworen. Ihre Lieder galten alle René, der sich in einer Rauchwolke versteckte. Später beschimpfte sie ihn als kaltherzigen Narren und klagte über seine Unbekümmertheit, ließ sich weinend und verärgert an unsere Schultern sinken. Wir trösteten sie, bis sie sich schließlich losriss, abrupt und nüchtern, sich zu René umdrehte und rief: »*Mon amour.*« Sie warf sich ihm an den Hals und überschüttete ihn betrunken mit süßen Küssen.

16

EIN BESSERER TAG

Dem Sonnenuntergang entgegen –
Die Miete war günstig, der Geruch widerlich –
Eine Wahnsinnsfamilie – Bücher

1978. Was hatte ich für ein Glück.
Ich hatte meinen Abschluss mit schlechter Note in einem schlechten Fach an einer schlechten Fachhochschule gemacht. Ich war aus der Provinz abgehauen und hatte durch pures Glück ein Mädchen kennengelernt, das ein Herz für Findelkinder hatte und mir eine Chance gab. Sie verschaffte mir einen Job in Camden Lock, wo es damals vor Talent und Aussichten wimmelte.

Statt Pubs und Restaurants findet man in Camden inzwischen schicke Kantinen für zukünftige Berühmtheiten, die nur einen BAFTA-Wurf entfernt in Primrose Hill wohnen. Damals hatten die Bars die Farbe von Bratensoße und waren mahagoniverkleidete Rückzugsorte von den grauen Straßen des Londoner Nordens. Das Hawley Arms wurde in dem Monat mein Stammlokal, in dem Nancy von Sid umgebracht wurde. Es war ein viktorianischer Pub mit Tanzfläche, schlicht, kalt, mit einer Theke, auf der klebrige, biergetränkte Lappen neben ananasförmigen Plastikeiskübeln standen, ein riesiges Glas mit grauen eingelegten Eiern sich an Gläser mit Marston's Pedigree, Theakston, Youngers, Watney's, Double Diamond, Worthington und warmem Guinness reihten. Die Aschenbecher sprachen von der Hingabe des Hawley. Sie waren stets gestapelt und quollen über – mit Asche und Stummeln von Benson & Hedges, Player's No. 6 und Marlboros. Hinter der Bar häufte sich ein Chaos aus gammeligen Holzschneidebrettern für die schrumpeligen Zitronen, abgenutzten und angelaufenen Silbermessbechern und muffigen Geschirrtüchern neben einem Edelstahlspülbecken, das nicht in Benutzung war. Darüber hingen Flaschenhalter mit dünnem Gin, billigem Whiskey und zu süßem Wermut. Der Kellerraum war mit Linkrusta tapeziert, lädiert vom Teer der Zigaretten, und an den Wänden hingen einige Drucke von ruinenhaften Klöstern. In die dicke Schicht Nikotin hatte jemand ein flehentliches »Putz mich endlich« geschrieben. In all den Jahren, die ich dort trank, kam niemand der Bitte nach.

Ich arbeitete gegenüber bei einem kleinen Verlag, der illustrierte Bücher verlegte. Man ging durch ein Treppenhaus aus Kiefernholz hinauf in ein Loft, von dem aus man auf die Schleuse für Kanalboote und den Eingang zum damals berühmten Veranstaltungsort T. E. Dingwall sehen konnte. New Leaf Books hatte ein Büro direkt unter dem Dach.

Überall Amerikanische Rot-Kiefer, und es roch nach trocknendem Holz und Leim. Der Boden war mit Jutematten ausgelegt, die Schreibtische standen in zwei angemieteten Reihen. Alle, die größer als ein Meter siebzig waren, mussten sich unter den Dachbalken bücken, und die Fenster klapperten, wenn Wind aufkam. Jake war unser aller Begleiter – ein alter Bobtail, der den Tag damit verbrachte, sich auf dem Rücken herumzuwälzen und darauf zu warten, dass ihm jemand den Bauch kraulte.

***

1980 brannte neben der Schleuse das alte Flaschenlager von Gilbey's in einem Inferno ab, das es in die landesweiten Nachrichten schaffte und dem auch unser hölzernes Treppenhaus zum Opfer fiel. Eine Zeit lang mussten wir über eine Treppe aus Aluminium hochklettern. Im Winter froren die Leitungen zu, und wir mussten zum Pinkeln ins Dingwall-Gebäude. Dort hingen wir manchmal mit noch unbekannten Bands wie The Police ab. Camden Lock war bei den Filmunternehmen sehr gefragt, und wir konnten uns oft beim Catering heimlich in die Schlange stellen. Einmal waren David Niven und Burt Reynolds vor mir, ein anderes Mal vertrieb ich mir die Zeit mit Suggs.

Auf der rechten Seite saß am zweiten Schreibtisch Michael McGuinness, ein auf mich abgehoben wirkender Illustrator, der mit Stahlfeder und Tinte das Buch *Einstein für Anfänger* illustrierte, das zum Klassiker wurde. Er war es auch, der mir sagte, ich solle mir die Radiosendung »Per Anhalter durch die Galaxis« anhören, die BBC neuerdings ausstrahlte. Er erzählte, er sei zur Aufnahme in die Paris Studios an der Lower Regent Street gegangen. Einer von unzähligen Leuten, die zu dem damaligen Zeitpunkt in dem ehemaligen Kino mit 400 Plätzen dabei sein wollten.

Ihm gegenüber saß die auf Bildrecherche spezialisierte Jackum, Besitzerin von Jake, dem Hund. Jackum trug einen Mantel mit Pfauenfedern und weigerte sich, über den Juteboden zu gehen, weil er »ihren Geist erden« könne. Sie sprang von Tisch zu Tisch und riss dabei die Habseligkeiten aller anderen herunter, ohne dass sie je Konsequenzen zu befürchten hatte. An manchen Morgen legte sie mir Dope, verpackt wie ein Bonbon, als Geschenk auf meine Schreibmaschine, eine Olympia SG 3 N. Die

Schauspielerin Eileen Way war ihre Tante. Ich traf sie einmal auf der Treppe und wollte ihr erzählen, dass *Die Wikinger* mein Lieblingsfilm mit ihr sei. »Ohhhhdin, Ohhhhdin, schick Wellen und wende das Blatt«, sagte ich auf, doch nur zu mir selbst.

Gegenüber von Jackum hatte Celia ihren Platz, eine rothaarige Buchgestalterin. Sie nahm alles peinlich genau und gab sich große Mühe, damit ich mich wohlfühlte. Ihr Partner war Alan Gowan, der Keyboarder in den Canterbury-Bands Gilgamesh, Soft Heap und National Health war, er spielte zusammen mit Dave Stewart und Hugh Hopper. Sally, ihre beste Freundin und meine Chefin, hatte etwas für Alan übrig. Als er 1981 an Leukämie starb, weinte sie gemeinsam mit Celia im 100 Club bei einem Memorial-Konzert zu seinen Ehren. Dort spielten sie sein Epitaph an sich selbst, »Before A Word Is Said«, und Celias Lieblingslied, »Fishtank«, das Alan und Hugh Hopper für ihr Album *Two Rainbows Daily* geschrieben hatten. Hugh Hopper starb dreißig Jahre später, ebenfalls an Leukämie. An einem kalten Mittwochmorgen im Dezember 1980 war ich sehr früh im Büro, doch Celia war schon vor mir angekommen. Sie sagte, dass John Lennon tot sei.

Weiter rechts hatte Marilyn ihren Schreibtisch, sie entwarf Verpackungsdesigns für alles Mögliche – von Saatgut bis Kosmetik. Sie war dünn und unkonventionell, freundlich und herzlich, und mit der linken Hand konnte sie Zigaretten aus Golden-Virginia-Tabak drehen, während sie mit der rechten Hand zarte Wasserfarbenbilder malte. Ich habe sie öfter in ihrer Wohnung in der Hillgrove Road in West Hampstead besucht, die sie sich mit ihrem Partner Ken Ansell teilte, der das Cover für das Album *Dare!* von The Human League entwerfen sollte, das erste Logo und eine Menge mehr.

Zu dieser Menge mehr gehörte Paula Yates' Buch mit dem Titel *Rock Stars in Their Underpants*. Sie war auf den Tag genau ein

Jahr jünger als ich, hatte sich für die Kamera ausgezogen und etwas mit Bob Geldof angefangen, der damals noch der Sänger mit der großen Klappe einer eher mittelprächtigen Band namens The Boomtown Rats war. Einmal kam sie bei uns im Speicher vorbei: rote Lippen und wasserstoffblondes Haar, vollkommen selbstsicher und außergewöhnlich. Zwei Jahre später wurde sie zusammen mit dem unbekannten Keyboarder der Band Squeeze zur Moderatorin der Channel-4-Musiksendung *The Tube*.

Auf der linken Seite und gleich zwei Schreibtische einnehmend residierte zeitweise Terry Jones, der legendäre Art Director der italienischen *Vogue*. Er gründete das Modemagazin *i-D*, dessen erste Ausgabe 1980 erschien. Seine Clique junger, cooler Assistenten verunsicherte mich mit ihrem spindeldürren Selbstvertrauen und den sich über der Brust spannenden T-Shirts. Wäre ich jemand anders gewesen, wäre ich vielleicht Dylan Jones begegnet und ins Billy's und Blitz eingeladen worden.

Der Verlagsinhaber saß mit dem Rücken zum Konferenztisch am weitesten von der Sperrholztür entfernt und hatte durch das Sprossenfenster einen Ausblick auf den Kanal. Als ich das zweite Jahr dort war, wurde er vierzig. Bei ihm war ich mir nie ganz sicher. Er erinnerte mich mehr als nur ein bisschen an den fiktionalen Charakter Kenneth Widmerpool in Anthony Powells *Ein Tanz zur Musik der Zeit*. Er war ein talentierter Lektor, und immerhin hatte er einen eigenen kleinen Verlag. Keine schlechte Leistung, so kam es mir vor, zu einem Zeitpunkt in meinem Leben, an dem mir alles möglich erschien.

Sally hatte mich zu einem Vorstellungsgespräch als Rechercheur eingeladen. Ihr gefiel mein College-Projekt, bei dem ich Auswirkungen von Pilzen auf die Haltbarkeit von Rote-Bete-Samen untersuchte. Ich sagte, sie könne meine Ergebnisse gern publizieren. Den schlechten Witz tat sie als Nervosität ab und bot mir den Job an.

Alle in dem Verlag wurden auf der Stelle zu meiner Familie, sie war wahnsinnig und von sich selbst überzeugt, großzügig und konfus.

***

Für diejenigen, die dort arbeiteten, war Camden Lock ein Ort, an dem das wertvollste Gut das Selbstbewusstsein war, das man durch den Einsatz seines Talents und das daraus resultierende Erschaffen von »Dingen« gewann. So entwickelte man einen Charakter, der sich gut vorzeigen ließ. Ich war ein blutiger Anfänger, ein Kerl mit dürftigem Ehrgeiz aus einem mürrischen Dörfchen in den Midlands, wo man nicht nach Größerem strebte. Im College war ich missmutig und verwirrt gewesen, doch in London taute ich auf. Joe Strummer und Paul Weller und *All Mod Cons* trieben mich an.

Unter der Bahnbrücke und über den Kanal hinweg lag auf der rechten Seite Zipper, die schwule Buchhandlung, die so regelmäßig von der Polizei durchsucht wurde, dass es zu einem Zuschauersport wurde. Die Bullen tauchten einmal im Monat in derart großen Fahrzeugen auf, dass sie das gesamte Sortiment an Illustrierten mitnehmen konnten. Die Razzia sprach sich rum, und wir liefen alle hinaus und spotteten und höhnten.

Auch auf der linken Seite, fast gegenüber dem Zipper, befand sich in der Hausnummer 234 Compendium Books von Anne Shepherd, Diana Gravill und Nicholas Rochford, eine der besten und radikalsten Buchhandlungen Englands. Wir Ortsansässigen lernten den Laden als verdrießlichen Ort kennen, der glaubte, die Welt habe ihn gar nicht verdient.

An der Ecke der Jamestown Road begegnete ich stets einem androgyn aussehenden jungen Mann, der ausgefallenes Make-up trug. Das war zwar ungewöhnlich, aber auch nicht weltbewegend. Damals hieß er Stuart Goddard, später dann Adam Ant.

Auf der Arlington Road stand ein Rotklinker-Monolith, das Arlington House, das einst das Zuhause des irischen Dramatikers Brendan Behan war. Es war die größte Billigabsteige in Nordlondon und war 1905 von dem viktorianischen Philanthrop Lord Rowton eröffnet worden. Orwell wohnte einst dort, und seine Beschreibung in *Erledigt in Paris und London* lässt es wie einen wenig erquicklichen Ort erscheinen: »Die besten [Logierhäuser] sind die Rowton-Häuser, die einen Shilling kosten und in denen man für sein Geld ein Schlafkabinett bekommt und vorzügliche Waschräume benutzen darf. Man kann auch zweieinhalb Shilling zahlen für ein ›Spezial‹, was praktisch schon Hotelcharakter hat. Die Rowton-Häuser sind erstklassige Gebäude, und das einzige, was moniert werden könnte, ist die strenge Disziplin dort mit ihren Regeln, die das Kochen verbieten und das Kartenspielen usw.«

1978 war das Gebäude vermoost und voller Greiskraut, die Farbe abgeblättert und eigentlich verschwunden, das Gemäuer nicht mehr rot, sondern schwarz, rissig und geschwächt. Fünfundvierzig Jahre nach Orwell war das Regime unverändert. Es schien damals streng, unnachgiebig, mitleidlos und unnötig disziplinarisch gewesen zu sein. Jeden Tag wurden Hunderte Obdachlose, hauptsächlich Alkoholiker, die man damals »Trinker« nannte (viel abwertender und respektloser hätte man sie nicht bezeichnen können), auf die Straße gekehrt. Dort bettelten sie um Geld, von dem sie Cider kauften, damit der Tag schnell vorbeiging. Die Obst- und Gemüsehändler bauten auf der Inverness nebenan währenddessen ihre Buden auf. Im Arlington House ist inzwischen das Museum of Happiness untergebracht.

Jeden Morgen auf dem Weg von der U-Bahn-Station lief ich an denselben schmutzigen, zugerichteten, schorfigen Gesichtern auf der Suche nach dem ersten Drink vorbei. Damals wurden Drogen der Klasse A noch nicht in der Öffentlichkeit vertickt, wobei man mir aber immer Tütchen mit einer nicht näher spezifizierten Auswahl an fünf oder auch zehn verschiedenen Aufputsch- oder Beruhigungsmitteln anbot. Alkohol war damals genauso schlimm, wie er heute ist, vielleicht sogar noch übler. Einen Mann, den ich als John kannte, traf man meist auf der Hauptstraße auf halbem Weg an, wo er den Kopf im Takt gegen die Schutzverkleidung eines jungen Baumes schlug. Ich sagte oft »Hallo«, »Geht's gut?« oder: »Kann ich helfen?« Er nahm mich jedoch nicht wahr und machte weiter, bis der Schorf auf seiner Stirn aufriss und er blutete. Dann ging er seiner nächsten Routine nach.

***

Herbst wurde zu Winter, und jede Woche gab man mir die Vorgaben der Gestalter, mit denen ich Material für die Illustratoren beschaffen sollte, damit sie es für die Bücher, an denen wir arbeiteten, künstlerisch umsetzten. In einer Woche ging es um einen Querschnitt der Haut von Katzen oder den Zugweg der Küstenseeschwalbe, in der nächsten um die exakte Fellfarbe von Zibetkatzen oder den Lebenszyklus von Fadenwürmern. Ich suchte Bibliotheken in ganz London auf, machte Fotokopien und Notizen und daraus dann Mappen mit Instruktionen, die ich einige Tage später ablieferte, mit den Gestaltern besprach und anschließend mit Skizzen und Notizen für die Illustratoren versah. Bei diesen Meetings sah ich mir auch die Rohskizzen an, die aus den Referenzen der letzten Woche entstanden waren, machte Anmerkungen oder nahm Änderungen vor. Schon bald bat man mich, Überschriften zu titeln und dann Artikel zu schreiben.

Ich hatte zu dem Zeitpunkt keine Ahnung, was für ein Glück ich hatte. Hier ging alles drunter und drüber, war rasant, aufregend und laut. Ich war von talentierten Menschen umgeben, die mir das Gefühl gaben, ebenfalls talentiert zu sein. Und ich war in einem Alter, in dem Lärm unerlässlich ist. Die rumpelnden U-Bahn-Züge, der tosende Verkehr, die ganze Welt schien zu brüllen und zu rennen. Ich war froh und stolz, Teil dieser Hektik zu sein. Lärm zeigte, dass ich viel zu tun hatte, dazugehörte, zu der eifrigen, riesigen und unerfahrenen Kohorte, die der Wunsch antrieb, dazuzugehören. Einmal stand ich stundenlang an, um in den angesagten Camden Palace zu gelangen, das Reich von Steve Strange und Rusty Egan. Doch für Zuschauer wie mich war der Zutritt verboten. Sehr viel später lernte ich Steve Strange kennen, dessen Leben nun darum kreiste, seine besseren Zeiten wieder aufleben zu lassen.

Ich wohnte in der Nähe des Bahnhofs Kensal Rise in einer Wohnung über dem Metzger. Der Gestank war widerlich, die Miete jedoch günstig. Unser griechischer Vermieter kümmerte sich um nichts, und wir zahlten in bar. Am Anfang waren wir zu dritt, und Freundinnen kamen und gingen, bis nach ein oder zwei Jahren zwei meiner Freunde die Stadt verließen. Einer ging zurück ins ruhige, ländliche Staffordshire – er sagte, er sei für London nicht gemacht –, und der andere zog für ein lukratives Jobangebot um. Ich war allein in der großen Bude: vier kalte, großmütterlich eingerichtete Schlafzimmer, ein Wohnzimmer wie aus dem britischen Film *Lockende Tiefe* von Terence Rattigan, eine Küche wie aus *Withnail & I*. Es war dreckig, karg und verschlissen.

Ich war zum Leben erwacht und wollte jeden Augenblick mit etwas füllen. Ich saß vor dem großen Schwarz-Weiß-Fernseher oder dem Radio der Marke Bush oder las Bücher. Ich habe nicht viel hingeguckt oder hingehört, ich brauchte ein Hintergrundrauschen. Gefühlt konnte ich mich dadurch besser auf die Worte konzentrieren und die Autoren den Lärm bestimmen lassen. Irgendetwas hatte mich gepackt, und ich las ein Buch pro Tag. Ich entschied mich für amerikanische Literatur und arbeitete mich durch Carson McCullers, Faulkner, Salinger, Hemingway, John Dos Passos, Sherwood Anderson, Steinbeck, Updike, William

Styron, Gore Vidal und wie sie alle hießen. Ich las eine Menge in meinem selbst kreierten Stimmengewirr. Jeden Klang, an den Abenden, an den Wochenenden, wenn ich die Treppe von der Straße hochlief, wenn ich im Pub Hawley Arms in der Ecke saß, in den Pausen zwischen zwei Schlucken oder im ruckelnden Bus, lernte ich lieben.

* * *

Vierzig Jahre später sitze ich in der Frühjahrssonne in unserem Haus an der Place de l'Église und lese *Bei Lady Molly* von Anthony Powell. Ein Jahrzehnt zuvor hatte ich bei einer Auktion Sir David Pipers vollständige Ausgabe von *Ein Tanz zur Musik der Zeit* für die stattliche Summe von 120 Pfund erstanden: sechs Erstausgaben mit wundervollen Schutzumschlägen von dem schillernden Osbert Lancaster illustriert. Es war ein kalter Nachmittag im Winter, als ich sie mit nach Hause nahm. Ich schlug *Bücher schmücken ein Zimmer* auf, wobei ich mich an dem muffigen Geruch der alternden Seiten erfreute und jede Seite mit der gleichen Begeisterung und Vorfreude umblätterte, die Piper vierzig Jahre zuvor verspürt haben musste. Ich legte es weg und nahm *Der Klang geheimer Harmonien* in die Hand, aus dem Roman fielen zwei Briefe heraus.

Lieber David,
ich bin Dir sehr dankbar, dass Du mir eine Kopie Deiner Anmerkungen über die angebliche Miniatur Aubreys geschickt hast, die ich mir am letzten Dienstag bei Christie's angesehen habe. Ich habe das Gefühl, dass sie sehr wohl Aubrey darstellt (und ich habe meine Ansicht auch John Kerslake geschrieben), aber ich verstehe, selbstverständlich, dass Einwände erhoben werden könnten. Gut möglich, dass etwas offenbart werden könnte, würde man die Miniatur aus ihrem engen Rahmen nehmen.

Mit etwas Glück werde ich den nächsten Band bis Weihnachten abschließen. Wenn das gelingt, sollte er im Spätsommer erscheinen. Der Titel wird Der Klang geheimer Harmonien *lauten. Du hast in Deiner Kritik des Vorläufers eine Anmerkung gemacht, die eine nahezu telepathische Vorahnung darstellte und bereits wahr war, während Du noch die Worte schriebst. Ich werde nicht sagen, worum es geht, doch wenn Band 12 erscheint, glaube ich, wird dich das belustigen.*
Mit freundlichen Grüßen,
Tony

Lieber Tony,
vielen Dank für Deinen Brief, dem ich natürlich widersprechen muss.
Ich staune über Deinen letzten Absatz, so schmeichelhaft er doch ist, hoffe ich, dass es nicht bloß ein raffiniertes Mittel ist, um sicherzugehen, dass zumindest ein Exemplar gekauft wird. Ich blicke dem Ergebnis gespannt entgegen.
Dein Beitrag über Maurice Bowra gefiel mir sehr. Isaiah Berlin hat gestern beim Abendessen mit Begeisterung davon berichtet.
Mit freundlichen Grüßen,
David Piper
Verleger

Ich blicke nach rechts, wo ich eine kleine Bibliothek mit den Büchern eingerichtet habe, die ich besonders mag. Ich stelle sie immer mit sichtbarem Cover ins Regal, eine rotierende Galerie alter und neuer Freunde. Ich bin mir der Menge von Charakteren, die um mich herum sind und reden, die ihre anschaulichen Leben in Vergangenheit, Gegenwart und Zukunft nicht verhehlen, ständig bewusst. Meine Bücher sind meine private Kakofonie aus Orten und Persönlichkeiten. Ich sitze zwischen ihnen, und wenn ich aufblicke, gehen sie ihrer Wege, so wie ihre Autoren es beabsichtigt haben, doch ich baue sie in meine Geschichte ein: Wo ich sie lese, wer bei mir ist, wer ich zu jener Zeit war. Diese Bücher machen mich weitgehend aus.

Ich besitze eine Yale-Ausgabe von *Boswell's London Journal*, die ich gerade aus dem Regal gezogen habe. Ich muss sie nicht aufschlagen. Ich weiß, dass der alte Gauner da drinsteckt und mit seinem Wert und Talent hadert. Ich weiß auch, dass dies das Buch ist, das ich meinem Vater in der Nacht vorgelesen habe, in der er gestorben ist. Ich lege meine Hand auf den Buchdeckel und fühle mich ihm näher.

In fremden Häusern mache ich die Bücherregale ausfindig, ganz gleich ob Billy oder nach Maß. Ich suche nach Hinweisen darauf, wer ihr Eigentümer ist. Was er denkt, welche Ziele, welche Persönlichkeit, welche Überzeugungen, Vorurteile, Leidenschaften und Faibles er hat. Eine Büchersammlung ist so einzigartig und vielsagend wie die Falten im Gesicht. Ohne gedruckte Bücher – wie sollen Männer da ihre Reichtümer und ihren Dünkel zur Schau stellen? Wie sollen wir neue Freunde beeindrucken? Wie soll ich sonst meine wunderschöne Erstausgabe von Max Perkins *An Editor of Genius* an jemanden verleihen, der sie bewundert und wodurch vielleicht eine neue Freundschaft entsteht? Warum haben wir das Gefühl, dass es eine Sünde ist, Bücher wegzuschmeißen, selbst wenn es ramponierte Penguin-Ausgaben sind? Wer würde schon behaupten, dass es genauso erfüllend ist, sich den ganzen Tag lang auf Ed Maggs' Website umzusehen, wie den Tag zwischen seinen Bücherregalen zu verbringen?

Ich erinnere mich daran, wie der BBC-Journalist Hugh Sykes vor vielen Jahren einmal eine Sendung über Michael Morpurgos Besuch im Osten Jerusalems ausstrahlte, der dort sein neues Buch *Shadow* promotete. Er erwähnte Hind Kabawat, eine syrisch-kanadische Anwältin, die sich auf Konfliktlösung spezialisiert hat. »In ihrem fabelhaften, geräumigen Steinhaus in Damaskus – mit einem Springbrunnen im Innenhof und aufwendig gearbeiteten hohen Decken – deutete sie stolz auf die wichtigsten Bücher in ihrem Bücherregal: die Bibel, den Koran und die Biografie von Mahatma Gandhi.«

Facebook-Gründer Mark Zuckerberg kündigte vor einigen Jahren ein neues Nachrichtensystem an, das »langatmige E-Mails« ersetzen würde. Er behauptete voller Eifer: »Kommunikation 2.0 muss nahtlos, formlos, direkt, persönlich, einfach, minimal und kurz gehalten sein.«

Ein erschreckend mächtiger, unwissender junger Mann, der keine Ahnung davon hat, wie seine Mitmenschen Selbstwertgefühl und ein Bild ihrer selbst entwickeln. Und nun haben wir Twitter.

Ich widme mich wieder meinen Büchern in dem Wissen, dass ich mehr Erinnerungen besitze, als ich noch sammeln werde. Camden ist weit weg.

17
DAS GEHEIMNIS DER FEIGENMARMELADE

Feigen – Festivals – Weinlese –
Schulze und Schultze – Hundebeutel und lila Gold –
Kreuzverhör – Marmelade heute

Wir sind zum Abendessen bei Hans und Lotten eingeladen. Bei ihnen gibt es die leckersten, reifsten, weichsten dunklen Feigen.
»Wow, wo habt ihr die her?«
»Das ist eine Art Geheimnis.«
»Was soll das heißen, ein Geheimnis? Wir sind doch Freunde. Habt ihr sie gekauft? Habt ihr sie gepflückt?«
»Wir haben sie heute Morgen vom Feigenbaum gepflückt.«
»Welchem Feigenbaum?«
»Dem Feigenbaum. Dem besten Baum des Dorfes.«
»Es gibt einen besten Baum im Dorf? Wer hätte das gedacht.«
»Na, das wissen doch alle.«
»Wir nicht. Wo steht der?«
Hans und Lotten tauschten verlegene Blicke.

»Wir müssen nachfragen, ob wir es euch verraten dürfen. Wir haben etwas Feigenmarmelade vom selben Baum, wenn ihr welche probieren mögt.«
Sie ging zum Schrank.
»Darüber muss erst abgestimmt werden?«
»Na ja, schon irgendwie.«
»Was für ein Feigenbaum ist das? Das singende, klingende Bäumchen? Hängt an dem Baum das Goldene Vlies?«
»Das war ein Apfelbaum«, wirft Kaz ein.
Ich werfe ihr einen Blick zu, der Klugscheißer bedeuten soll.
»Was für ein singendes, klingendes Bäumchen?«, fragt Lotten.
Kaz ignoriert mich. »Die Feigen sind wirklich lecker. Können wir ein paar mitnehmen?«
»Probiert mal die Marmelade«, sagt Lotten.
Ich koste sie, und sie schmeckt so gut, dass ich mich hineinsetzen und Mrs Dolby damit von Kopf bis Fuß einreiben möchte. Ich teile das auch laut mit.
»Aber natürlich«, antwortet Hans. »Möchtet ihr dazu etwas Käse?«
»Käse!«, rufe ich, den Mund mit Marmelade verschmiert. »Käse?«

***

In Frankreich ist das Jagen auf dem Land sehr beliebt, nicht minder das Sammeln von Naturalien. Es verleiht einem Prestige, die besten Orte zu kennen, an denen man Dinge ausgraben, pflücken oder schießen kann. Zu wissen, wo es die besten Pilze, die besten Beeren, den besten Fisch, das beste Wild, die besten Oliven oder aber die besten Feigen gibt, das verrät wahren Status. Wenn Sie diese Dinge wissen, dann haben Sie es geschafft, Sie sind ein wahrer Feinschmecker, praktisch ein Gott. Die wichtigste Regel lautet:

Omertà. Und um ein solcher Gott zu bleiben, behält man sein Wissen für sich: Schweigen ist Gold.

Im Frühjahr legen sie los, wenn der Himmel frisch und neonblau gefärbt ist, die Sonne anfängt zu scheinen, die Reben adrett und gepflegt vom Winterschnitt daherkommen. Von November bis März haben die *vignerons* sie gestutzt. Bis vor Kurzem brauchten die Dorfbewohner – mit Scheren ausgestattet und Händen so rau wie Kuhhaut – Wochen, um die Reben für die Saison vorzubereiten. Eine solche Schere zweitausendmal am Tag zusammenzudrücken ruinierte einem den Rücken. Jetzt schaffen drei oder vier Leute mit akkubetriebenen Rebscheren die Arbeit, die vorher einen Monat dauerte, problemlos innerhalb einer Woche.

Wann immer alte Weinreben gerodet werden, lockt das kleinere Mengen von Menschen an, in etwa wie Möwen hinter einem Fischdampfer. Wer Bescheid weiß, ist vor allen anderen dort, lädt seinen Anhänger voll und fährt davon, bevor die Scharen einfallen. Diese alten Rebstöcke werden *souche* (*suque* auf Okzitanisch)[10] genannt und eignen sich hervorragend als Kaminholz, doch am besten machen sie sich beim Grillen. Das Holz brennt besonders heiß, riecht süßlich und übrig bleibt eine wunderbar feine, weiße Asche.

Im Frühjahr findet man auf dem Land nicht viel Essbares, aber manchmal ist es genauso befriedigend, zu wissen, wo die besten Orchideenwiesen liegen, wo die Habichtsadler brüten oder welche Restaurants schon früher wieder öffnen. Erst wenn Ende Mai der Sommer Einzug hält, verschärft sich die Situation. Dann

---

10 Es gibt einen Roman mit dem Titel *Le loup de la suque* (benannt nach der hügeligen Landschaft hinter dem Dorf), das ein ehemaliger Bürgermeister von Causses geschrieben hat. Didier Douarche starb 2013 im Alter von hundert Jahren. Ich arbeite mich durch das Buch.

gibt es Traditionen wie Festzüge mit den tierischen Maskottchen des jeweiligen Dorfes, die Fête de la Saint-Pierre in Sète, bei der die Fischer dem Meer ihren Tribut zollen und der verschollenen Seemänner gedenken, indem sie ein Schifferstechen auf dem Wasser veranstalten. Im August findet dann in Béziers La Feria statt – ein richtiger Stierkampf, nicht so wie in Magalas. Das ist Tod am Nachmittag mit Niveau.

***

Im Sommer reisen Gruppen von Dorf zu Dorf, von Stadt zu Stadt und von Festival zu Festival, wo sie auf den Marktplätzen, vor den Kirchen und Boule-Plätzen auftreten. Eine solche Gruppe reist auch meist nach Causses und führt ihre Show auf der Place Jules Milhau auf. Der Platz hat gerade die richtige Größe für etwa 200 Stühle und eine Bühne vor dem Bogen zur Place de Pompe Neuve und dem Zugang zur Rue des Porches. Wir haben vom Wohnzimmer aus einen Logenplatz. Ich gehe immer hinunter und kaufe ein paar Eintrittskarten. In einem Jahr erzählte jemand der Eintrittskartenverkäuferin, dass wir am Platz wohnen. Sie war überrascht und sagte, wir müssten keinen Eintritt zahlen: Es war ihre Art, sich für die Störung zu entschuldigen. Ich bestand darauf, für die Karten zu zahlen, und es wurde sehr geschätzt. Wir sahen uns die Show von unserem Balkon aus an wie der *seigneur* und die *châtelaine*. Einen Großteil von dem, was vor sich geht, verstehe ich nicht, insbesondere weil Teile davon auf Okzitanisch sind. Einmal zeigte einer der Schauspieler auf uns und sagte etwas, das ich nicht verstand. Was immer es war, das gesamte Publikum fand es urkomisch. Jemand aus der Menge rief: »*N'oubliez pas de Montfort!*«, und wieder brachen die Leute in Gelächter aus. Ich dachte mir, was soll's, also stand ich auf, grinste breit und winkte königlich. Einige jubelten, ein paar lachten, die meisten wirkten eindeutig nicht angetan.

Oben im Le Lézard Bleu finden im Garten Filmabende statt, und fast täglich gibt es in diesem oder jenem Dorf eine Weinprobe, bei der man um die fünf Euro zahlt, einen Plastikbecher und fünf oder sechs Marken bekommt, mit denen man dann zu den Ständen der örtlichen Weingüter schlendert und die Marken gegen einen vollen Becher eintauscht. Wenn man mag, kauft man eine oder zwei Flaschen. Es ist eine wunderbare Art und Weise, den frühen Abend zu verbringen. Wenn es besonders heiß ist, hängen manche Dörfer Sprühnebelanlagen in den Bäumen auf, und es ist, als würde man unter dem Baumkronendach eines Regenwalds umherlaufen. Sorgen Sie dafür, dass vorher klar ist, wer der Sprudeldepp ist. Um neunzehn Uhr sind dann alle sternhagelvoll.

***

Im Herbst erwachen das Languedoc und Südfrankreich zum Leben. Die Urlauber sind wieder zu Hause, die Tage sind warm, und am späten Abend liegt ein Hauch Kaminrauch in der Luft. Der Herbst ist die Zeit für *la vendange*, die Traubenernte. Früher wurde diese Jahreszeit als so wichtig angesehen, dass im Französischen Revolutionskalender, der nach der Revolution eine kurze Zeit lang galt, der Monat vom 22. September bis zum 21. Oktober Vendémiaire hieß und zum ersten Monat des Jahres gemacht wurde.

Während der *vendange* kommen die Landgemeinden zusammen. Kameradschaftsgeist und ein gemeinsames Ziel sowie das Hoffen auf eine gute Ernte und der Optimismus, dass die schwere Arbeit des Jahres sich auszahlt, vereinen. Dürren, Hagelkörner, Überschwemmungen, Mehltau und Fröste, Hitzewellen und vielleicht sogar Traubenklau der letzten zwölf Monate liegen nun hinter ihnen. Die *vendange* ist der Moment, in dem nichts weiter getan werden kann. Die Sorgen sind Vergangenheit und die Ernte ist, wie sie eben ist.

Gestern haben wir den letzten Pfirsich vom Baum geerntet,
Und heute Morgen, in der dichten, kalten Dämmerung,
Herbstnebel auf den benachbarten Hängen liegt,
Ein leichter Frost hat das Purpur der Trauben zerknittert.
Siehst du die Dämmerung über den Hängen?
Die goldenen Weinblätter in dem silbernen Schleier?
Der Horizont erhellt sich in schwacher Röte,
Und die aufgehende Sonne leitet die Weinleser.[11]

Die Trecker sind Tag und Nacht unterwegs, man hört die Motoren leise rumpeln und sieht die Scheinwerfer auf den dunklen Hügeln. Die Trauben, aus denen Weißwein und oft auch Rosé gemacht wird, werden am besten in den kühlsten Stunden des Tages gepflückt, denn angeblich sind die Aromen dann am intensivsten. In Cessenon bekommt man im Le Helder mitten in der Nacht Pastis. Bei der Kooperative in Murviel ist rund um die Uhr etwas los. Traubenvollernter in Rot von Alma und Blau von Braud erstrecken sich über den Reben, schneiden die Trauben ab und füllen damit Treckeranhänger, die die Dorfstraßen entlangpoltern, dass der Saft an der Ladeklappe herunterläuft. Auf den Nebenstraßen haben sie gemeinhin Priorität, und die Rebsorte wurde stolz mit Kreide auf die Klappe geschrieben. Sie fahren dicht an den Seitenstreifen, um Autos überholen zu lassen, doch die Leute zeigen ihnen Respekt. Zu dieser Jahreszeit hat die *vendange* allgemein Vorfahrt. Überall riecht es nach Johannisbeerschorle und altem Sackleinen.

---

11 Aus dem Gedicht »Les Vendanges« (1860) von Victor de Laprade: Hier on cueillait à l'arbre une dernière pêche, / Et ce matin voici, dans l'aube épaisse et fraîche, / L'automne qui blanchit sur les coteaux voisins. / Un fin givre a ridé la pourpre des raisins. / Là-bas voyez-vous poindre, au bout de la montée, / Les ceps aux feuilles d'or dans la brume argentée? / L'horizon s'éclaircit en de vagues rougeurs, / Et le soleil levant conduit les vendangeurs.

Eine wachsende Anzahl von Weingütern, darunter Mas des Dames, pflückt nun ausschließlich von Hand: Die Trauben leiden weniger, und viele bieten jetzt auch Bio-Weine an. Drüben in Cazouls-lès-Béziers singt Vincent Vabres vom Domaine des 3 Angles auf seinem Trecker für seine Reben. Und wenn alles erfolgreich eingeholt ist, wird gefeiert. Ist die Ernte gut, sind alle guten Mutes. Ist die Ernte schlecht, gibt es ja immer noch das nächste Jahr.

***

Erntefeste gehören in der Gegend um Causses zur Lebensart. Es gibt Maronenfeste, Kirschfeste und Olivenfeste. Es gibt sogar Trüffel aus dem Languedoc, nicht nur aus Périgord, und selbstverständlich wird in Uzéz auch ein Trüffelfest gefeiert. Trüffel bilden sich Ende April meist unter Eichen und waren vor hundert Jahren auf dem Land üblich. Heutzutage sind sie durch spezielle Anbaumethoden und engagiertes Sammeln ziemlich selten geworden. Für die großen Trüffel wird viel Geld gezahlt. Warum? Ein Rätsel, wenn Sie mich fragen. Sie schmecken scheußlich intensiv und riechen viel zu stark, so wie Holzfäule. Bei mir lösen sie höchstens Brechreiz aus. Der großartige italienische Koch Francesco Mazzei hat mir einmal Tagliatelle mit Weißem Trüffel aus Umbrien serviert. Es waren schlichte Bandnudeln in Butter geschwenkt und darüber gerieben frischer Trüffel. Es war das einzige Gericht, das sie im Herbst anboten, wenn es Trüffel gab. Der Teller kostete 60 Pfund. Nicht mehr und nicht weniger. Ich habe ein paar Gabeln geschafft, nur der Höflichkeit halber.

***

An den Tagen nach dem Essen mit Hans und Lotten entwickelte sich der Feigenbaum zu einer großen Sache. Da war zum einen die Beleidigung, dass wir nicht gut genug seien, man uns nicht genug traute oder wir nicht einheimisch genug waren, als dass man uns das Geheimnis des Feigenbaumes anvertrauen wollte. Aber schlimmer noch: Es gab offenbar einen Feigenbaum, der *der* Feigenbaum war. Um das Dorf herum findet man Hunderte solcher Bäume. Manche tragen grüne Feigen, andere lilafarbene. Einige sind klein, andere groß. Wieder andere haben kerniges Fruchtfleisch oder sind marmeladenhaft. Ich war gar nicht auf die Idee gekommen, es könnte einen Baum geben, an dem die perfekten Feigen wuchsen: lila, prall, rund, weich, sämig – und selbst die Schale fruchtig-süß.

An jenem Abend liefen wir das Dorf gedanklich ab. Vielleicht der Baum am alten kooperativen Supermarkt? Nein, der trägt grüne Feigen. Was ist mit dem, wenn man zum Aussichtspunkt läuft, der etwas ab vom Schuss liegt? Möglich, der kommt auf die Liste. Der an der Nebenstraße nach Fonsalade in der Nähe der Kiefern, in denen im Frühjahr die Raupennester hängen? Was ist mit dem an der Orchideenwiese? Oder dem an der Straße nach Montpeyroux, wo der Zwinger der Jagdhunde ist? Und so ging es immer weiter. Irgendwann schlug ich vor: »Warum folgen wir nicht Hans und Lotten?«

»Das geht nicht.«

»Warum nicht?«

»Das wäre hinterlistig.«

»Wir können es wie einen Scherz aussehen lassen, wenn sie uns entdecken. Ich nehme eine Pfeife und einen falschen Bart mit, und wenn sie mich sehen, tue ich so, als sei ich Schulze oder Schultze – und du kannst so tun, als seist du der andere.«

»Sie werden es uns schon noch früh genug verraten. Es muss so etwas Schwedisches sein. Die Schweden brechen nie die Regeln.«

»Wie, dann erlauben die sich einfach nur einen Spaß mit uns?«

»Ich schätze mal.«
»Wie wäre es, wenn ich in die Bar gehe und verkünde, dass Hans und Lotten den geheimen Feigenbaum komplett abernten? Das wäre ihnen eine Lektion.«
»Du benimmst dich wie ein Arsch. Außerdem ist es eh zu spät. Die Feigensaison geht nicht mehr lange, und bald werden sie entweder gepflückt sein oder auf dem Boden verfaulen.«

Noch ein Tag verging – und wieder nichts. Wir schlenderten einen Weg durch die Weinberge entlang, beobachteten die spätsommerlichen Schmetterlinge und redeten so über dies und das. Lola, Sie erinnern sich an unseren schwarzen Cocker Spaniel, tollte umher. Wir liefen um eine Kurve, und ich drehte mich um, um nachzusehen, ob sie noch da war, aber sie war nirgendwo auszumachen. Ich rief nach ihr, spazierte einige Schritte zurück und erspähte sie dann auf einem Feld. Sie hob den Kopf und kam tobend zurück, wobei sie an einem Baum, einem Feigenbaum, der mir noch nie aufgefallen war, vorbeilief. Ich begab mich zu ihm. Der Baum war nichts Weltbewegendes, etwas verwuchert und einige Blätter schon braun. Dann bemerkte ich einige schwarze Flecken auf dem Boden und ging dichter ran. Da waren sie, die prallsten, dunklen Feigen, die wir je gesehen hatten. »Komm her und schau dir das an, Kaz«, rief ich.

Wie zwei Wachen standen wir da und blickten hinauf, als ob der Baum in einen Strahl göttlichen Lichts getaucht worden wäre und der Engelschor jubelnd die Stimmen erhoben hätte. Wir zogen einige Hundetüten aus unseren Taschen und füllten sie. Nicht zu viele, nur so viele, dass es für ein, zwei oder drei Kilo Marmelade und ein oder zwei Abendessen langte. Als wir unsere Tüten gefüllt hatten, waren noch so viele übrig, niemandem wäre etwas aufgefallen. Zielsicher liefen wir zurück zu unserem Haus, schlichen hinein und schlossen die Tür hinter uns zu. Wir leerten die Tüten mit unserer Beute wie Butch Cassidy und Sundance Kid, die zwei Banditen, auf dem Tisch aus und führten einen kleinen Freudentanz auf.

Jetzt wollten wir Marmelade wie die von Lotten kochen. Im Internet gab es jedoch so viele Rezepte, dass wir nicht wussten, an welches wir uns halten sollten. Wir wollten diesen Feigen unbedingt gerecht werden, also benötigten wir das beste Rezept. Nach einigen Stunden Recherche fanden wir ein wirklich gutes. Oder zumindest wirkte es so. Nur geviertelte Feigen, brauner Zucker mit einem Hauch Zitronensaft, und dann der Clou: ein wenig Balsamicoessig. Wir wollten jedoch sichergehen, und es gab nur einen Weg sicherzugehen. Er war jedoch riskant. Wir brauchten Lottens Rezept.

***

Mein Kumpel Paul Marshall ist Anwalt. Er ist genau so, wie man sich einen Anwalt vorstellt: Er war bei der Armee, hatte Abschlüsse von der London School of Economics und Cambridge. Er hat immer Jobs gehabt, für die man sich in Schale werfen muss. Ganz praktisch ist, dass ihm die hohen Stiefel und die Perücke stehen. Paul sagt Dinge wie: »Du begibst dich damit auf gefährliches Terrain, alter Freund.« Oder: »Ich bin nicht sicher, ob das so wirklich Sinn ergibt.« Dann stellt er mir Fragen, bis ich zusehen kann, wie er dadurch meine Argumente in der Luft zerreißt. Ich weiß, was er da tut, aber ich lasse mich von ihm immer wieder in die Sackgasse manövrieren, die er sich erdacht hat. Er macht mir bewusst, wie wirr meine Gedanken sind. Was, überlegte ich, wenn ich mir von ihm eine Scheibe abschneide und das Rezept herausfinde, ohne mich dabei strafbar zu machen?

Ich wartete darauf, dass Lotten nach draußen kam und vor dem Haus ihre tägliche Runde Gartenarbeit verrichtete.

»*Salut*, Lotten.«
»Hello.«

»Die Paprika und Zitronen machen sich dieses Jahr prächtig.«
»Wir haben sie viel gegossen. Manchmal funktioniert die Bewässerungsanlage nicht gut genug.«
»Was macht ihr mit den Zitronen?«
»Hauptsächlich Gin Tonic«, sagte sie und lachte.
»Kaz hat im Supermarkt Himbeeren bekommen. Wir dachten, wir könnten daraus Marmelade machen.«
»Wie schön«, sagte sie.
»Ich bin nicht sicher, wie viel Zucker da rein muss. Du kochst doch Marmelade, nicht wahr?«
»Oh, ja. In Schweden kochen wir sehr viel Marmelade. Die von Preiselbeeren ist sehr beliebt. Die essen wir zu Hackbällchen.« Davon hatte ich bereits gehört. Das verkaufen sie bei IKEA: Marmelade mit Hackbällchen. Hoffnungslos. Sie erzählte weiter: »Wir würden Marmelade niemals wie ihr Engländer auf Toast essen. Das ist wirklich seltsam. In Schweden haben wir sogar Vereine. Wir pflücken wildes Obst und machen alle möglichen Marmeladen daraus. Himbeere ist immer beliebt, auch Loganbeere. Wir essen dazu einen Keks, der Hallongrottor heißt, und es gibt eine gemischte Marmelade mit...«, es lief sehr gut, »Himbeere und Blaubeere, die Königinnenmarmelade genannt wird. Wir essen Marmelade zur *fika*, einer Tee- oder Kaffeepause am Nachmittag, und natürlich gibt es noch Rhabarbermarmelade und...«
»Dann gibt es ein klassisches Marmeladenrezept?«
»Aber ja doch.«
»Könntest du es mir eventuell aufschreiben?«
»Natürlich. Ich schiebe es später unter der Tür durch.«
»Wunderbar. Danke, Lotten.«
Ich erzählte Kaz davon, und sie streckte beide Daumen nach oben.

Unser Plan war nun, Feigenmarmelade zu kochen und Hans und Lotten ungesehen ein Glas vor die Tür zu stellen und so zu tun, als sei es vom schwedischen Hausgeist Nisse. Das würde ihnen zeigen, dass wir auch ohne sie in den Feigenklub kamen und wie schrecklich schlau und einfallsreich wir waren.

Etwa eine Stunde später wurde ein Zettel unter der Tür hindurchgeschoben. Darauf stand:

- Ein Kilo frisches Obst
- ½ Kilo brauner Zucker
- Saft einer Zitrone
- Nach Bedarf hochrechnen

1. Gläser und Deckel auskochen.
2. Obst abwaschen und trocknen lassen.
3. Obst in Stücke halb so groß wie der Daumen schneiden und in einen großen Topf aus Edelstahl geben
4. Zucker und Zitronensaft hinzugeben, vorsichtig umrühren und zwölf Stunden stehen lassen.
5. Sprudelnd aufkochen, dann köcheln lassen und gelegentlich umrühren.
6. Ein Thermometer benutzen. Bei 105 Grad köcheln lassen, bis die Marmelade »eindickt«. Sie sollte noch leicht flüssig sein. Fest wird sie, wenn sie im Glas abkühlt.
7. Etiketten leserlich mit »Feigenmarmelade, Causses-et-Veyran« und dem Datum beschriften.
8. Zwei Gläser für Hans und Lotten beiseite stellen.

18
L'ERMITAGE SAINT-ÉTIENNE

Westgoten – Wanderetikette – Ganz oben angekommen – Schnauzer – Incarnat rouge – Ein kurzer Gottesdienst – Camp du Drap d'Or – Katzenfänger

An Pfingsten findet jedes Jahr eine Wanderung zu einer westgotischen Einsiedelei statt, der L'Ermitage Saint-Étienne, die auf einem Hügel in der Nähe des Dorfes Saint-Nazaire-de-Ladarez liegt, etwa fünf Kilometer von Causses entfernt. Um dorthin zu gelangen, nimmt man die D19 Richtung Norden, und statt nach links abzubiegen, nach Cessenon und Roquebrun, fährt man geradeaus an Falaise du Landeyran vorbei, wo es eine gute Kletterwand aus Quarzit-Gestein gibt, an der für die Wochenendsportler Haken auf der Skala von 3 bis 7c angebracht sind, und dann weiter zum Schild der Weinkellerei Domaine des Madalle. Die Luft scheint mir dort immer etwas feuchter und kälter. Wenn Sie um die nächste Kurve fahren, überkommt Sie vielleicht das gleiche Gefühl wie mich, etwa so, als würde man durch den Nebel hindurch ins vorige Jahrhundert reisen. Zu beiden Seiten ragen die Felswände des Tales auf, Ruisseau de Landeyran liegt zur Rechten, und als Erstes fährt man an der Peripherie des Dorfes Saint-Nazaire-de-Ladarez am Friedhof entlang. Ab hier gucke ich niemals zurück. Ich fürchte mich, dass die Straße sich in Wald und Grün aufgelöst haben könnte.

***

Saint-Nazaire-de-Ladarez ist etwas kleiner als Causses und wird von einer großen Kirche in der Mitte des Dorfes geprägt. Wir kennen keine der Franzosen in Saint-Nazaire. Ich habe stets das Gefühl, dass sie mich ansehen, als wäre ich gerade in die Dorfkneipe »Zum geschlachteten Lamm« aus *American Werewolf* hereinspaziert. Wir haben jedoch eine Reihe von Freunden, die in dem Dorf kleine Häuser besitzen. Natürlich Schweden, Outi und Magnus, dann ein wunderbares Pärchen aus Boston, Jennifer und Kevin, deren Kinder unverschämt talentierte Musiker sind, und zuletzt noch James und Clive. James war dreißig Jahre lang Flugbegleiter bei British Airways und ist einer der lustigsten Geschichtenerzähler, den ich kenne, mit einem sehr trockenen Humor. Clive war stellvertretender Schulleiter einer Grundschule und hat eine gewisse, nicht abstreitbare Ähnlichkeit mit dem Schauspieler Melvyn Hayes. James besitzt eine beeindruckende Barbie-Sammlung. Er hat sie nicht alle in Frankreich, aber er bringt bei jedem Besuch ein paar mit und dekoriert mit ihnen das Wohnzimmer. Am besten erinnere ich mich an die Pan-Am-Stewardess aus den Sechzigern. Die Puppe ist bloß eine Puppe, aber die Uniform war außerordentlich, der winzige Hut, die Kostümjacke, die Handtasche – bis ins kleinste Detail perfekt ausgearbeitet.

Saint-Nazaire ist der Wohnort des stark behaarten, fülligen Metzgers von Causses. Er besaß hier ein kleines Restaurant, das für seine gekochten Schweinefüße berühmt war. Wir waren einige Male dort und lernten seine bezaubernde Frau kennen, die fast akzentfreies Englisch sprach und für den vorderen Bereich des Restaurants zuständig war. Doch die Dinge waren anders, als sie schienen. Wir erfuhren, dass er ihr gegenüber gewalttätig war. Ich bin nicht sicher, was aus ihm geworden ist, nachdem es herauskam. Er wurde eindeutig geächtet. Sein Laden in Causses wurde geschlossen, genau wie sein Restaurant und sein Feinkostgeschäft. Ich habe ihn danach nie wiedergesehen.

Hinter dem Dorf, in Richtung Causses, beginnt eine gewundene Straße, die in einigen Abschnitten fast vertikal verläuft. Von ihr gelangt man zu dem Weg, über den man durch den Wald die L'Ermitage Saint-Étienne erreicht. Man sieht sie vom höchsten Punkt in Montpeyroux. Die Einsiedelei gleicht einem Adlernest. Jedes Jahr pilgern die Dorfbewohner von Saint-Nazaire und wer sonst noch so Lust hat, am siebten Sonntag nach Ostern dort hinauf.

***

Man hatte uns gesagt, wir sollten Wasser, Kaffee und was immer wir sonst noch trinken wollten mitbringen und vielleicht noch ein oder zwei geschmierte Brote, denn die Wanderung war so ausgelegt, dass wir die Spitze zur Mittagszeit erreichen würden. Wir hatten nicht richtig zugehört. Kaz vermutlich schon, ich jedoch wie üblich nicht. Sie hatte mich bestimmt gefragt, ob ich etwas mitnehmen wolle, ich hatte sicher verneint, ohne richtig zuzuhören. Und so standen wir schließlich da mit einer kleinen Tasche, in der sich eine Wasserflasche und ein paar Kekse befanden.

Als wir auf dem Marktplatz von Saint-Nazaire kurz vor zehn Uhr eintrafen, liefen dort um die fünfzig oder sechzig Leute herum. Ich erkannte einige aus unserer Wandergruppe in Causses – montags um neun Uhr im Spätherbst, Winter und Vorfrühling, wobei der Treffpunkt uns per Buschfunk mitgeteilt wurde.

Wir begrüßten sie mit einem »*Bonjour*« und »*Ça va*«, und sie hießen uns herzlich willkommen.

Dann machten wir uns auf.

Randonnées, Wanderungen, sind eine gesellige Angelegenheit. Geplauder wird erwartet und ist vorgeschrieben. Aber nur auf Französisch. Nach einer meiner ersten Touren mit der Gruppe in Causses habe ich einen gehörigen Anpfiff in Form einer handschriftlichen Notiz erhalten, in der man mich dafür rügte, mit einem Schotten, der gerade erst ins Dorf gezogen war, auf Englisch gesprochen zu haben. Ich wollte nur dafür sorgen, dass er sich wohlfühlte. Das Ding ist, dass es keiner der Franzosen war, der sich aufgeregt hatte, sondern einer der Engländer. Niemand sonst ist so erbarmungslos wie die Bekehrten. Ich habe eine Reihe von Engländern kennengelernt, die versuchten, französischer als die Franzosen zu sein. Einmal habe ich eine Engländerin erlebt, die in Pézenas die Grammatik eines Kellners korrigierte, um vor ihren Freunden anzugeben. Die Liste von Gründen, warum das keine gute Idee ist, ist lang. Selbst wenn es einem nichts ausmacht, sich wie ein Depp zu verhalten, sollte man unter keinen Umständen einen Kellner von oben herab behandeln, denn mit großer Wahrscheinlichkeit wird einem dann mit Spucke oder Zigarettenasche garniertes Essen serviert.

Wir marschierten aus dem Dorf und nahmen eine steile Seitenstraße nach rechts weg. Das Wetter war spektakulär. Es war warm, der Tag versprach heiß zu werden, das Licht war mild, und es wehte eine sanfte Brise. Es gibt einen schmalen Pfad vom Dorfkern aus, doch an diesem Tag folgten wir der Straße, da wir so viele waren. Der Weg ist nicht weit, höchstens drei oder vier Kilometer, was kaum eine *randonnée* ist. Die Wanderer aus Causses stecken fünfzehn Kilometer an einem Vormittag locker weg, und die meisten von ihnen sind weit über siebzig. Der Weg zur Einsiedelei könnte jedoch kaum steiler sein. Nun, zumindest unserer Ansicht nach. Schon bald japste ich nach Luft, und das Grüppchen Wanderer zog mit großen Schritten an uns vorbei. Viele von ihnen benutzten

Wanderstöcke, so ähnlich wie die zum Skifahren, wodurch es aussah, als würden sie in einer optischen Täuschung den Berg mühelos hinaufgleiten. Hin und wieder schob sich ein Auto auf der schmalen Straße an uns vorbei. Wenn es uns überholte, erhaschte ich einen Blick auf Senioren.

***

Ich habe bereits erwähnt, dass das Haus an der Place de l'Église auf einem westgotischen Friedhof steht, also muss Causses besetzt gewesen sein, als die Einsiedelei erbaut wurde. Im Gegensatz zu den Römern, die in der Gegend einen gewaltigen Fußabdruck hinterließen, haben die Westgoten sich da zurückhaltender gezeigt. Um 500 n. Chr. übernahmen sie sehr effektiv von den Römern einen großen Landstrich, der sich etwa vom heutigen Spanien und Portugal bis nördlich von Bordeaux und entlang an La Rochelle und Nantes erstreckte. Landeinwärts reichte ihr Gebiet bis nach Clermont-Ferrand und verlief gen Süden an der Languedoc-Region sowie der Küste der Provence vorbei bis an die italienische Küste. Es wurde alles von Toulouse aus regiert. L'Ermitage Saint-Étienne ist ein seltenes Überbleibsel dieser Zeit. Sie soll aus dem 7. Jahrhundert stammen, vermutlich ist sie noch älter. Benannt wurde die Einsiedelei nach dem heiligen Stephanus, einem der sieben Diakone aus der Jerusalemer Urgemeinde. Sie wurden von den Aposteln bestimmt, um sich um die Armen zu kümmern. Das hatte die griechisch sprechenden Juden etwas beruhigen sollen, die sich übergangen fühlten. Der Geschichte nach lenkte der Heilige zu viel Aufmerksamkeit auf sich selbst, vollbrachte Wunder und wurde ein vortrefflicher Prediger, was ihn beim Sanhedrin, dem jüdischen Obersten Gericht, nicht besonders beliebt machte. Er wurde gescholten und schlug zurück. Er mochte ein herausragender Debattierer gewesen sein, doch die Stimmung im Großen Rat hatte er offensichtlich nicht erfassen können. Der

Sanhedrin nahm das zum Anlass, ihn kurzerhand zu Tode steinigen zu lassen. Als Märtyrer ging er etwas unter, bis die Westgoten 415 n. Chr. in Frankreich und Spanien an die Macht kamen und ein Priester namens Lucian von dem Ort träumte, wo Stephanus ermordet wurde. In jenem Jahr wurden am 26. Dezember seine Gebeine gefunden, nach Jerusalem gebracht und beigesetzt. Seitdem wird an diesem Tag, dem Stefanitag, seiner gedacht.

***

Die Straße den Berg hinauf führte durch Gestrüpp und schlängelte sich hin und her, um die Steigung zu verringern, doch die Strecke hatte es trotzdem in sich. Nach ein paar Stunden erreichten wir das flachere Stück, und einen halben Kilometer später sahen wir ein Holzschild, das in ein scheinbar dichtes Waldstück wies. Wir beobachteten, wie einige Leute zwischen den Bäumen verschwanden, also folgten wir ihnen. Dann ging es einen steilen, unbefestigten Pfad hinauf, wo sich Steine und Geröll abwechselten, wir klettern mussten und uns an Stech-Eichen vorbeihangelten, bis wir nach gut 300 Metern ins Sonnenlicht traten und vor uns die steinerne Einsiedelei auftauchte. Wir hievten uns die letzten Meter hoch. Unsere Beine waren wie Pudding, doch wir hatten unser Ziel erreicht. Wir waren ganz oben angekommen.

Die Aussicht war atemberaubend. Vor uns lagen die Bergspitzen der Pyrenäen, zur Linken glitzerte das blaue Mittelmeer, zur Rechten zog sich die Montagne Noire bis zur Auvergne, und hinter mir stand der größte schwarze Riesenschnauzer, den ich je gesehen hatte. Der Bursche war riesig, zumindest für diese Hunderasse. Mit seinem kupierten Schwanz und dem rabenschwarzen, glänzenden Fell war er ein Paradebeispiel eines Schnauzers. Ich wünschte, ich könnte mich an seinen Namen erinnern oder wem er gehörte. Ich erinnere mich jedoch daran, dass er sich wohlzufühlen schien. Er kam kurz herüber, beschnupperte und begrüßte uns, danach ging er wieder zur Tagesordnung über und sah sich einfach um. Ich hatte den Eindruck, dass er mit seinem kleinen, stummeligen Schwanz gewedelt hat, aber wer kann das schon sagen? Ein oder zwei Minuten später gesellte er sich zu mir auf einen Felsvorsprung. Nur wir zwei an der Schwelle zum Nichts, bloß Luft und Schwerkraft. Ich zeigte ihm den verlassenen Marmorbruch unten im Tal, den rostigen Kran, der sich noch zwischen den Steinplatten befand und es nicht mehr davongeschafft hatte, als vor fünfzig Jahren Abpfiff war. Er wirkte recht interessiert. »Wenn du deinen Kumpels heute Abend beim Royal-Canin-Essen erzählst, dass du einen der drei oder vier einzigen Steinbrüche mit rotem Marmor gesehen hast, die je im Languedoc gefunden wurden, sind sie bestimmt beeindruckt. Der Marmor von dort unten ist einzigartig und heißt Incarnat rouge. Das Languedoc ist für diesen einzigartigen Marmor berühmt, dessen Farbgebung sich zwischen dunklem Orange bis fast schon Purpurrot bewegt und weiß geädert ist. Er ist wirklich hübsch, wenn auch etwas protzig.« Ich sah zu meinem neuen Freund, der ganz offensichtlich nicht an der Geschichte des Marmors interessiert war. Ich versuchte ihn mit einem letzten Anlauf zu beeindrucken. »Im 17. Jahrhundert fiel der Marmor Ludwig XIV. ins Auge, der ihn umfangreich in Versailles hat verbauen lassen. In Causses gibt es einige Kamine aus dem Incarnat-rouge-Marmor.« Doch Mr Schnauzer hatte die Geschichtsstunde nun endgültig satt, er kaute an seinem Hinterteil herum.

***

Die Leute strömten zum Gottesdienst in die Kapelle, und ich gesellte mich zu Kaz, die in der Schlange stand. Mir war es bisher nicht aufgefallen, aber unter uns war ein Priester, der nun seine weißen Gewänder angezogen und auf der Seite gegenüber der

Tür einen Tisch mit einem einfachen Kreuz aufgebaut hatte. Die Kapelle war winzig, keine zehn Meter von einem Ende zum anderen und knapp drei Meter breit. Sie hatte ein niedriges Tonnendach genau wie unser Keller, nur dass die Schlitzfenster hier nicht wie unsere abgerundet waren. Die Wände waren innen gekalkt und vermutlich vor Hunderten von Jahren einmal gestrichen worden, jetzt bröselten sie. In dem Raum war es kühl und dunkel, einzig zwei schmale Schlitzfenster ließen Strahlen weißen Sonnenlichts hereinfallen, dazu ein Lichtkegel an der Tür. Die Menschen, die sich in der Kapelle versammelt hatten, setzten sich aus Alten, Leuten mittleren Alters und Kindern zusammen. Ich war nicht sicher, wie viele aus Saint-Nazaire und überhaupt Franzosen waren. Mich erinnerte das an die Kurzgeschichte »Auf nach Golgotha!« von Garry Kilworth, in der zeitreisende Touristen dazu ermahnt werden, die historischen Ereignisse nicht zu verändern und nach Barabbas zu verlangen. Einer der Zeitreisenden kommt vom Weg ab und bemerkt, dass auf dem Platz gar keine Leute aus dem Jahr 33 n. Chr. sind, sondern ausschließlich zeitreisende Touristen.

Der Gottesdienst war kurz, und im Gänsemarsch gingen wir hinaus, wo diejenigen, die nicht mehr hineingepasst hatten, sich allmählich wieder auf den Weg den Hang hinunter machten. Es war bereits Mittagszeit, und meine Laisser-faire-Einstellung fing an, sich zu rächen. Ich schaute in meinen Rucksack und fand bloß die Wasserflasche und ein paar trockene Kekse. Da schwor ich mir, nie wieder irgendwo hinzugehen, ohne ein Drei-Gänge-Menü einzupacken.

Die Leute waren gut gelaunt und redselig, während wir den Hang hinunterschwankten. Die Dame vor mir nahm mich in die Zange.

»Du bist Engländer. Machst du hier Urlaub?« (Mit Fremden ist man im Languedoc schnell per Du.)

»Nein, wir haben ein Haus in Causses.«
»Wir leben nördlich von Bédareaux. Ist Causses in der Nähe?«
»Ja, das nächste Dorf. So ein wunderbarer Tag, der Himmel ist einfach wunderbar.«
»Bist du schon einmal hier gewesen?«
»Nein, aber es ist wirklich toll. Wir werden wieder hierherkommen. Ich glaube, es gibt einen Weg durch das Dorf.«

Wir traten aus dem Wald, und plötzlich war es wie beim Camp du Drap d'Or. Auf der Lichtung und an der Straße entlang standen Zelte und Tische, Autos und Wohnwagen. An bereits gedeckten Tischen wurde das Essen aus Kühlboxen herumgereicht. Weinflaschen wurden umhergetragen, es folgte ein Schulterklopfen, ein rascher Blick auf das Etikett, ein Lächeln und ein Dankeschön. Ein Kleinbus fuhr vor und spuckte Leute aus, die so alt waren, dass ich mir nicht vorstellen konnte, sie könnten noch kleiner und schmaler werden. Grillgeräte wurden angeschmissen, und ein Anhänger mit Sitzgelegenheiten stand für alle bereit. Ich entdeckte Clive und James und René und Brigitte Thiltges vom Atelier »Les Arts du Jardin«, die uns zuwinkten. Mein neuer alter Freund, der schwarze Schnauzer, kam auf mich zugetollt, gefolgt von einer Horde schreiender Kinder. Er schoss an meinen Beinen vorbei, macht abrupt kehrt und sauste wieder davon.

Wir jedoch liefen die Straße weihevoll entlang, das Gewicht des Wassers und der Kekse schwer im Rucksack. Als wir an den mittleren Zelten vorbeikamen, rief uns eine ältere Dame zu, »Messieurs-dames, essen Sie nicht mit uns?« Es war eine der Damen aus der Kirche.

»Bonjour, madame. Wir haben leider kein Essen dabei.«
»Aber das macht doch nichts. Wir haben hier Platz für Sie!«

Wir taten, was Engländer in so einer Situation tun, wir bedankten uns für die Einladung, wollten uns jedoch keinesfalls aufdrängen. Doch die Dame war schon auf den Beinen, nahm Kaz und mich an den Schultern und führte mich zu dem Tisch. Um die fünfzehn Leute erhoben sich, rückten Stühle und legten uns Besteck und Geschirr hin. Ein großer Kerl, den ich noch nie zuvor gesehen hatte, schüttelte mir die Hand. »*Enchanté! L'attrape-chat!*«

19
WEIHNACHTEN

**Die Erde hart wie Eisen – Die Kunst des Holzofens –
Gottesdienst in Murviel –
Monsieur le Maire et le Conseil Municipal – La soirée**

Weihnachten in einem nicht beheizten Steinhaus aus dem 12. Jahrhundert auf dem Land in Frankreich ist verdammt kalt. Eine Aussage wie »Die Erde ist hart wie Eisen« wird dem nicht gerecht. Der Winter in einem *maison de mur* ohne Heizung in Südfrankreich hat eine ganz spezielle Art der Kälte. Sie kriecht einem in die Knochen und lässt einfach nicht nach. Sie ist von der Sorte, bei der man am prasselnden Kamin sitzt, doch wenn man den Kopf wegdreht, sieht man trotzdem noch die Atemwolken. Da helfen auch vier Pullover nicht. Die Wände sind klamm und strahlen das auch ab. Man steigt mit allen Klamotten ins Bett und zieht die einzelnen Lagen dann schrittweise aus, wenn einem wärmer wird. Es ist eine Kälte, bei der man nachts mit einer frostigen Nase aufwacht, sodass man mit dem Gesicht unter der Decke schlafen muss. Sogar an den Innenseiten der Fenster bildet sich Eis. Ich stelle mir vor, wie es gewesen sein muss, als das jahrhundertelang die Norm war. Die Vergangenheit ist wahrhaftig sehr frostig.

Im ersten Jahr entschieden wir, dass Noël en France ein Abenteuer sein würde, und kamen am 21. Dezember in Causses an. Die Fahrt dorthin war untypisch gewesen. Paris war voller Menschen, und als wir an Clermont-Ferrand vorbeifuhren, fing es zu schneien an. Als wir ankamen, herrschte Dunkelheit, und die Temperatur lag bei minus vier Grad Celsius.

Anfangs hatten wir nur zwei sehr hübsche Holzöfen, um unser Haus zu heizen: einen großen im Wohnzimmer und einen kleineren oben in unserem Schlafzimmer. Es gab jedoch ein Problem. Es war sechs Uhr abends, und wir hatten kein Holz. Wir taten also das einzig Sinnvolle: Wir fuhren unsere eisigen Füße ins Restaurant Excalibur in Magalas, stopften uns mit Pizza voll, wärmten uns gut durch und eilten dann zurück, um in kompletter Montur ins Bett zu gehen und die Nacht auszuharren.

Am nächsten Morgen guckte ich aus einem Berg von Federbetten und Decken heraus. Ich fühlte mich wie unter einem aufgegangenen Teig begraben. Es war dunkel, doch durch die Fensterläden konnte ich graues Licht erspähen. Eine Entscheidung musste gefällt werden: im Warmen bleiben oder aufstehen und zur Toilette gehen.

In dieser Situation war ich zuletzt mit sechs Jahren gewesen, als wir in Lichfields, Staffordshire, an einer Straße voller Schlaglöcher in einem zugigen Bungalow mit dem Namen »Sandbanks« wohnten. Es war Winter 1963, einer der drei oder vier schlimmsten Winter des 20. Jahrhunderts, als ich meinen ersten Ohrwurm mit »Love Me Do« hatte – ein Lied, das eine Generation prägen sollte. Die Freuden eines Sechsjährigen in einem ununterbrochen verschneiten Winter waren schier endlos. Der Kanal die Straße hinunter fror zu. Die Kies- und Sandhaufen am Straßenrand schrien geradezu danach, dass man hineinsprang, bevor sie unter die rutschenden Reifen gestreut wurden. Mir gefiel es, wie der Matsch tagsüber weich wurde und über Nacht gefror. Der fallende Schnee wurde grau, verschwand jedoch nicht. Am Abend sah ich zu, wie die Eisblumen an den Fenstern hochkrochen, so wie in Michael Crichtons Roman *Andromeda*. Meine Familie flüchtete sich in die Küche, wo der Ofen prasselte. In der Ecke stand ein Schwarz-Weiß-Fernseher von Bush, der dauerhaft Nachrichten von Autos zeigte, die in Schneetreiben feststeckten, von Helikoptern, die Heuballen für herumtrippelnde Schafe abwarfen, und von Zügen, die weiße Wolken ausstießen, während sie durch die weiße Landschaft sausten. Wir haben in dem Raum gefühlt überwintert. Es war warm und feucht und roch nach Seife, Kohle und Gekochtem. Gebadet wurde in feuchtkaltem Dampf, der kondensierte und die Wände herunterlief. Außerhalb der Küche und des Bades war die Kälte trocken und rau. Ich verzog das ganze Gesicht, wenn ich aus der warmen Küche in den kalten Flur und das kalte Zimmer rannte, wo ich mich im kalten Bett unter den Decken zusammenkauerte. Draußen war die Luft eisig, und jeden Morgen kletterten wir in den Austin und hofften, dass er anspringen würde. Meistens hatten wir kein Glück, und wir rannten schlitternd zum Bus, der sich den Hügel zur St. Michael's School hinaufquälte.

Die Jungentoiletten dort waren offene Urinale mit einem rudimentären Pultdach. In jenem Winter waren sie ständig voller Schnee. Wir wetteiferten, wer das meiste Eis schmelzen konnte. Die Rohre waren mit Lappen isoliert, jedoch immer zugefroren. Von jedem Fensterbrett hingen Eiszapfen so groß wie Lanzen. Die Schule bot zumindest den Komfort großer, gusseiserner Heizungen, die so heiß wurden wie rot glühende Kohle. Wir rangen darum, wer am längsten darauf sitzen konnte, bis ein Junge wirklich Mut bewies und sich den Hintern verbrannte.

***

Meine Blase verlangte nach einer Entscheidung. Ich kletterte hinaus, zog meinen Mantel über, den ich neben meinem Bett abgelegt hatte, schlüpfte in meine Schuhe und ging ins Bad.

Die Aufgabe des heutigen Tages war es, abzuschätzen, wie es um Brennstoff und Holz stand und wann wir anfangen müssten, die Möbel zu verfeuern. Der Super-U in Murviel war der Ort, an dem man hier in der Gegend am ehesten ein paar Scheite erstehen konnte. Das waren aber auch irgendwie großartige Neuigkeiten, denn es bedeutete, dass ich das Auto nehmen musste, das eine Heizung sowie eine Sitzheizung hatte. Manchmal sitzen wir im Sommer, wenn es zu heiß ist, im Auto und lassen die Klimaanlage laufen. Ich weiß, dazu ist sie nicht gedacht, aber manchmal muss es einfach sein.

Zu einem halsabschneiderischen Preis bekam ich noch einige Säcke mit kleinen Holzscheiten und etwas Anzündholz in diesen orangefarbenen Plastiknetzen und war zurück, bevor die anderen aufgestanden waren. Ich wollte sie mit einem prasselnden Feuer und einem Frühstück überraschen. Ich öffnete die Tür des Kaminofens voller Erwartung und gefrorenem Atem. Da ich Pfadfinder gewesen war, würde es nicht nur ein Kinderspiel werden, sondern mich an gute alte Zeiten erinnern, an Zeiten, in denen wir jede Woche »Dib-Dib-Dobbing« sangen und komische Männer mittleren Alters einem die Hand auf die Schulter legten und ein bisschen zu wohlwollend zudrückten.

Im Handumdrehen loderte das Feuer. Ich türmte mehr Holzscheite auf. Ein Zeichen war gesetzt. Ein Anzeichen, dass bessere Zeiten nahe bevorstanden. Der harte Winter war vorbei – rein metaphorisch gesprochen. Das Brot kam in den Toaster. Perfekt. Nach den sechs Minuten, die ich brauchte, um das Frühstück zu bereiten und zum Kaminofen zurückzukehren, denn ich wollte nach dem wohligen Prasseln sehen, war von den zwei Säcken Holz nur noch ein Häuflein rot glühender Asche übrig. Der Kaminofen war von außen gerade einmal warm geworden, das Zimmer still, kalt und grau.

Am Vormittag wurde der Kriegsrat einberufen. George und Freya waren für zwei Lösungen offen. Nummer eins, wir steigen ins Auto und fahren nach Hause. Nummer zwei, wir steigen ins Auto und fahren ins nächstgelegene Hotel. So bequem sind wir nicht, sagte ich. Ideen zum Heizen wurden eingefordert. Im Zimmer im Kreis zu laufen erschien uns nicht unterhaltsam genug. Unser Mittel zur Linderung unseres akuten Kälteproblems bestand dann darin, alle Gaskocher komplett aufzudrehen. Das sorgte aber nur dafür, dass wir alle heiße und rote Gesichter bekamen, und als die Luft warm wurde, fühlte sich das Haus wie ein riesiger lauwarmer Ofen an. Es wurde offensichtlich, dass wir ein Heizgerät brauchten. Es musste etwas unternommen werden, und die Kreditkarte lockte wie eine dieser sich in der Luft drehenden Münzen, die man in Videospielen einsammelte.

Die Antwort auf unser Problem war etwas, das man in angelsächsischen Ländern nicht häufig sieht: ein »computerisierter« Paraffinofen. Menschen ab einem gewissen Alter werden sich an die aufrechten, grauen Heizgeräte von Valor erinnern, bei denen hinter der Tür ein Zylinder mit einem kleinen Fenster unten steht. Dreht man den Zylinder eine halbe Drehung gegen den Uhrzeigersinn, sieht man einen großen, runden Docht, den man anzünden muss. Danach schließt man schnell den Zylinder und regelt die Flamme so, dass sie blau glimmt. Und dann hat man es. Damals, bevor Zentralheizungen die Norm wurden, waren diese Dinger ziemlich weit verbreitet.

Die französischen Heizgeräte könnten dagegen von SpaceX kommen. Von dem Geld, das ich für etwas mit dem Namen Zibro SRE-25TC ließ, hätte ich auch einen kleinen Gebrauchtwagen kaufen können. Man füllt die Kartusche mit Kerosin, setzt sie ein, drückt auf einen Kopf, stellt die Temperatur ein – und fertig. Es war ein Wunder. Innerhalb von fünf Minuten war das Zimmer muckelig warm. Die Laune besserte sich. Ein Weihnachtsbaum wurde gekauft. Das Mittagessen war ein Festmahl, und aus dem

Nichts tauchte auch Weihnachtsdekoration auf. Essen und Wärme. Das Schlimmste war überstanden. Es dauerte noch knapp fünf Tage, bis die Wände nicht mehr Permafrost glichen.

***

Weihnachten in Frankreich ist anders als die angelsächsische Version. Die Geschenke werden meist Heiligabend ausgepackt, nach einem ausgefeilten und streng geordneten Essen, das *réveillon de Noël* heißt. Es geht erst nach der Mitternachtsmesse los und dauert bis in die frühen Morgenstunden (was heißt, dass es die Geschenke oft erst am ersten Weihnachtstag gibt). Im Languedoc läuft das Weihnachtsessen folgendermaßen ab:

- Definitiv sind Austern vom Étang de Thau dabei.
- Eventuell Hummer.
- Vielleicht Foie gras, Schnecken und Jakobsmuscheln.
- Denkbar ist ein Hauptgang aus einem Truthahn mit Esskastanienfüllung – Esskastanien sind im Languedoc eine große Sache.
- Alternativ kommen Perlhuhn, Wachtel, Fasan oder Gans auf den Tisch.
- Danach gibt es eventuell Käse.
- Dreizehn Desserts sind geradezu ein Muss – in der Provence ist dieser Brauch sehr beliebt und allmählich taucht er auch zu Feierlichkeiten im Languedoc auf, darunter eine Fülle an Nüssen, Früchten und ein Kuchen, der *pompe à l'huile* heißt und aus Weizenmehl, Olivenöl sowie Orangenblütenwasser besteht.
- Schließlich und mit absoluter Sicherheit gibt es den Klassiker *bûche de Noël* – eine Weihnachtscremerolle, die wie ein Baumstamm aussieht.

***

Doch all das war für die Zukunft, denn wir hatten in jenem Jahr noch keinen Schimmer, was all diese Dinge betraf. Man gab uns jedoch den Tipp, dass um dreiundzwanzig Uhr eine Mitternachtsmesse in Murviel stattfinden würde. Das Christkind willkommen zu heißen ist eine Sache, doch eine beheizte Kirche, das ist nicht zu toppen. Wir machten uns gegen zweiundzwanzig Uhr auf den Weg, um früh dort zu sein, doch wie sich herausstellte, waren wir spät dran. Es wollten so viele Leute zur Église Saint-Jean-Baptiste oben auf dem Hügel, dass wir außerhalb des Dorfes parken mussten. Die Stimmung war heiter. Die Sterne funkelten, und auf den Steinen und Blättern glitzerte der Frost. Wir gingen mit einem Pulk von Menschen hinein und gesellten uns zum Getümmel an der Eingangstür, bis die Menge plötzlich in Schwung kam und wir in den nächsten Raum geschwemmt wurden. Es war warm. Nicht heiß oder kalt, sondern warm. Das bernsteinfarbene Licht Hunderter Kerzen war die Farbe der Wärme. Es roch nach wärmendem Weihrauch und Seife. Die Kirche war brechend voll mit aufgeregten, lächelnden Menschen, die einander begrüßten, sich unterhielten und sich dabei um eine riesige, beinahe lebensgroße Krippe versammelten. Im Kirchenschiff war kein Platz mehr, daher schickte man uns hoch auf die Orgelempore, wo wir auf den besten Plätzen saßen.

Ich wünschte, ich könnte mich an die Messe erinnern. Ich wünschte, ich könnte Ihnen die Stunde so wiedergeben, wie ich sie erlebte. Ich bin nicht religiös, aber diese Messe in der Kirche ist eine der wärmsten Stunden, die ich je erlebt habe.

***

An Silvester schmeißen sie in Causses eine Party. Das gesamte Dorf kommt zu einer Mischung aus Sommerfest und alljährlicher Hauptversammlung zusammen. Es geht damit los, dass der Bürgermeister und seine Stellvertreter die Gelegenheit nutzen, sich für ihre Arbeit würdigen zu lassen, und dem Bürgermeister wird die Chance gegeben, eine Zusammenfassung des Jahres und den Stand der Finanzen von Causses zu erläutern. Karten für diese Veranstaltung im Salle Jules Milhau sind ein absolutes Muss. Der Wein ist umsonst, aber wichtiger ist das Kabarett.

Beim Hereinkommen nimmt man sich ein Glas und ein paar Häppchen, danach sucht man sich einen Platz. Wir rutschen zu ein paar Stühlen zwischen den alten Damen durch, die uns mit breitem Lächeln und Geplauder begrüßen.

Wir alle nehmen für das Spektakel Platz. Als Erstes kommt der großartige Monsieur Baro heraus, begleitet von lautem Applaus und gelegentlichen Zwischenrufen aus dem Publikum. Er erzählt vom vergangenen Jahr, den neuen Baumaßnahmen im Dorf, der *vendange*, der Entschädigung für Weinreben, die von Wind, Regen oder Hagel zerstört wurden.

Er spricht weiter über die Finanzen des Dorfes, während das halbe Publikum bereits zur Bar läuft oder gerade von dort zurückkommt und sich über den Gang hinweg mit den Nachbarn unterhält. Die Kinder haben sich schon vorher davongemacht, rutschen unter den Stühlen herum und werden von ihren Eltern zurechtgewiesen. Als Nächstes werden die Stellvertreter des Bürgermeisters vorgestellt, sie scharen sich etwas verlegen in einem Halbkreis zusammen, und während man ihre Namen nennt, applaudieren die Zuschauer verhalten. Inzwischen haben alle die Nase voll von den Reden und wollen, dass das Kabarett anfängt. Plötzlich wird das Licht gedimmt, Musik ist zu hören, und alle setzen sich.

Gespielt wird ein jazziger Trauermarsch wie in der Anfangsszene des Bond-Films *Leben und sterben* lassen. Der Scheinwerfer strahlt eine dunkle Gestalt in Kapuzenumhang an, die langsam von der rechten Seite die Bühne betritt. Nach drei Schritten taucht eine zweite solche Gestalt auf, dann noch eine und noch eine. Das

Quartett dreht sich zum Publikum. Die Musik verklingt. Drei oder vier Sekunden lang herrscht Stille. Plötzlich stimmen die vier Musiker Gospelmusik an, die Scheinwerfer erhellen die Bühne, und mit einem Mal reißen die Figuren die Köpfe hoch und werfen die Umhänge in einer dramatischen, ruckhaften Bewegung ab, alles exakt choreografiert. Vier junge Frauen in schwarzen Strümpfen und Strumpfhaltern, mit roten Federboas, einem Kopfschmuck aus Federn und roten Nippel-Quasten aus Samt kommen nun zum Vorschein. Die Menge tobt. Anscheinend hat jeder Kerl, egal ob jung oder alt, eine Kamera parat. Die freizügigen Frauen auf der Bühne tanzen, als ob sie im Studio 54 wären. Eine von ihnen nimmt ihre Federboa, schnappt sich den Bürgermeister, schlingt sie ihm um den Hals und zerrt ihn ins Scheinwerferlicht, da kann er sich so viel winden, wie er will, es ist vergeblich. Das Publikum dreht völlig durch. Die Kinder sind nun vorne an der Bühne und tanzen mit. Als Nächstes sind Céline Dubois et ses Danseurs an der Reihe – mehr Moulin Rouge geht in Causses nicht.

Was für ein Abend. Eine Stunde lang sind Tänzer, Sänger und Farben auf der Bühne und ihr Publikum eins. Am Ende sind alle erschöpft, aber überglücklich. So und nicht anders sollte man Fördermittel der EU verschwenden.

Nicht allzu spät schlendern wir in die eisige Nacht hinaus, während über uns die Sterne funkeln und Gelächter in die Höhe steigt. Wir rufen einander Abschiedsworte auf Französisch und Englisch zu, haken uns ein und spazieren die stillen Straßen entlang. Der Mond leuchtet uns den Weg.

20
THYMIAN UND LAVENDEL

**Pachamama – Kaum ein Atemzug – Palimpsest –
Abschließen und nach Hause fahren – Mit Gold repariert**

Wenn es zufällig auch dein Los war, lieber Leser, die goldenen Jahre deines Lebens – deine strahlende Jugend – in der trübseligen Gefangenschaft eines Büros dahinschwinden zu sehen; zu erleben, daß die Tage deiner Haft sich durch die mittleren Jahre bis hinab zu Altersschwäche und silbergrauen Haaren hinziehen, ohne Hoffnung auf Freilassung oder Erleichterung; wenn du lange genug gelebt und schließlich sogar vergessen hast, daß es so etwas wie Ferien gibt, oder dich nur daran erinnerst als ein Vorrecht der Kindheit – dann, und nur dann, wirst du meine Befreiung mitempfinden können.

Charles Lamb, »Pensioniert« – *Ausgewählte Essays*, 1833

In den Türsturz über der Eingangstür unseres Hauses ist das Jahr 1782 eingekerbt. Jedes Mal, wenn ich auf die Tür zugehe und den Schlüssel ins Schloss stecke, sehe ich hoch und stelle mir jemanden vor, dessen Füße genau an der gleichen Stelle standen wie meine jetzt und der die Zahlen dort einritzte. Er konnte dafür nicht mehr als ein oder zwei Minuten gebraucht haben. Ich sage »er«, denn es muss ganz klar ein Mann gewesen sein. Ich kann mir nicht vorstellen, dass eine Frau das zu jener Zeit auf sich genommen hat, aber wer weiß. Er muss rechenkundig gewesen sein – oder er muss jemanden gefragt haben, der es war und der es für ihn tat. Oder der ihm zeigte, was er zu machen hatte. 1782 konnten zwei Drittel der Menschen in Frankreich weder lesen noch schreiben. Doch das bedeutete nicht, dass es selbst in den kleinsten Dörfern keine Gelehrten oder Schriftsteller gab. Jacques Vanière, der Jesuit und neulateinische Dichter, wurde 1664 bloß einen Steinwurf von der Place de l'Église Nr. 1 geboren und starb 1739 dort. Seinem Leben wird mit einer Tafel zwischen den kleinen Häusern am nach ihm benannten Platz gedacht.

Derjenige, der das Jahr über der Tür eingraviert hat, war offensichtlich sehr stolz darauf, wo er wohnte, oder er wollte einen wichtigen Moment festhalten. Er konnte sich keine Tafel oder einen Steinmetz leisten, also machte er es selbst. Danach trat er einen Schritt zurück, gab seiner Frau einen Kuss auf die Wange und dachte lächelnd an das Leben, das vor ihnen lag oder das sie dort zusammen verbracht hatten. Das ist zumindest eine der Szenen, die ich mir ausdenke. Während er sein Werk bewunderte, saß Ludwig XVI. bereits seit sieben Jahren auf dem französischen Thron. Gut 140 Kilometer weiter östlich, in Avignon, verloren die Brüder Joseph Michel und Jacques Étienne Montgolfier die Kontrolle über ihren ersten Prototypen eines Heißluftballons. Sie sahen zu, wie er davonflog und in zwei Kilometern Entfernung bruchlandete, wobei beinahe ein Passant ums Leben gekommen wäre. Auf der anderen Seite des Atlantiks schlug der britische Admiral Sir George Rodney die französische Flotte in der Schlacht von Les Saintes, was den Weg für den Frieden von Paris ebnete. Und unser Freund trat durch die Tür des Hauses an der Place de l'Église Nr. 1 und aß zu Abend.

Überall im Gebäude sind Spuren vorheriger Leben. Wir haben versucht, sie zu bewahren, während wir es bewohnbar und wohnlich machten. Die Rinne, die vom Dach durch das Haus und weiter durch den Steinboden bis in den Keller führt, haben wir nicht verschlossen. Die Öffnung ist jetzt auf der Terrasse, und wir haben eine Glashaube darüber angebracht und ein Licht, das von unten nach oben strahlt, damit man bis in den *cave* sehen kann. Das ist jedes Mal ein Gesprächsthema, aber gleichzeitig wie eine Zeitreise. Den Taubenschlag gibt es nicht mehr. Er war einfach nicht mehr zu retten. Der aggressive Kot hatte jedes einzelne Stück Holz in einen Schwamm verwandelt, und unser Geld reichte nicht, um den *pigeonnier* wiederaufzubauen. Es war jammerschade. Man hätte daraus eine kleine Sternwarte machen können, wenn man das Dach entfernt und ein Teleskop eingebaut hätte.

Einen Winter blieb die Temperatur beinahe einen Monat lang unter dem Gefrierpunkt – und ich Idiot hatte vergessen, die Wasserleitungen abzustellen. Sie können sicher sein, dass ich das seitdem sehr gewissenhaft tue, denn die Leitung auf dem Dach platzte damals, sodass das Wasser überall auf die Dachterrasse spritzte und eine dreißig Zentimeter dicke Eisschicht bildete. Als das Wasser unten zu tauen begann, konnte es nicht abfließen, sodass es die Wand hindurch ins Haus lief, ganz bis nach unten. Zum Glück hatte unser Freund Joe einen Schlüssel, und als er nach dem Rechten sah, fiel ihm der Schaden auf, gerade rechtzeitig, bevor das ganze Haus einstürzte. Er drehte das Wasser ab und schaufelte das Eis auf der Terrasse durch die Tür des Heubodens hinaus auf den Platz. Es gibt ein Foto, das an einen New Yorker Gehweg nach einem Schneesturm erinnert. Wir hatten wirklich großes Glück gehabt. Andere vereiste Häuser werden oft erst bemerkt, wenn es taut. Das erste Anzeichen ist dann das Wasser, das unter der Haustür hindurch auf die Straße läuft.

Der Keller war immer und ist auch noch immer in der Planung. Jason ist ein netter Ire, der im Dorf wohnt und sich seinen Lebensunterhalt mit allem Möglichen verdient. Manchmal schafft er zum Beispiel wahre Kunstwerke aus Oldtimern. Vor ein paar Jahren konnten wir ihn dazu überreden, innerhalb einer Woche um die sechs Tonnen Schutt aus unserem Keller hinauszukarren. Was sich in einem Jahrhundert eben so anhäuft. Leider wurde nichts Bemerkenswertes zutage gefördert, abgesehen von einem Fundament, das zwei Meter tiefer liegt als die Straße. Und es scheint, dass es in einer Ecke eine Art Quelle gibt, denn bei starkem Regen kommt dort das Wasser hoch und flutet den halben Keller.

***

Unser Makler Charles hat mir einmal erklärt, dass das Haus mal das Rathaus und zu einer anderen Zeit eine Schule war. In der Vergangenheit waren es zweifelsohne zwei Gebäude gewesen. Man stelle sich all die Menschen vor, die hier gewohnt haben. Nicht immer glücklich. Nicht immer gütig. Nicht immer begegnete man ihnen mit Güte. Vielleicht waren sie herzlos oder noch schlimmer. Aber hoffentlich gab es welche unter ihnen, die ein gutes Leben lebten.

Seit sechzehn Jahren ist das Haus an der Place de l'Église unsere zweite Heimat. Im Vergleich zu seinem Jahrhunderte währenden Dasein ist das kaum ein Atemzug. Manchmal fällt es schwer, sich daran zu erinnern, wie es an dem Tag aussah, als ich es mit Charles das erste Mal betrat. Ich habe mir sagen lassen, dass er weiterhin für Freddy arbeitet. Manche sagen, er hätte sich von seiner Frau Sophie getrennt, andere behaupten, sie seien noch zusammen. Ich schätze, seine Tochter muss inzwischen sechzehn oder siebzehn sein. Gelegentlich komme ich am Pachamama Café vorbei, in dem wir uns kennengelernt haben. Es heißt inzwischen

Le Grand Café und ich bin nicht mehr dort gewesen, seitdem es vor einigen Jahren den Eigentümer gewechselt hat. Bestimmt ist es immer noch gut, aber es ist eben nicht das Pachamama.

***

Wenn man jetzt das Haus an der Place de l'Église betritt, gibt es dort keine Spur mehr von dem alten Ofen mit dem nussbraunen Ofenrohr, das zur versengten Decke führte. Der Boden ist hübsch gefliest, der Kamin aufgearbeitet und die Wände weiß und sauber. Wo einst unter dem Wespennest alte Flaschen und vertrocknete Hopfenpflanzen herumlagen, steht nun François' schmucke Küche. Die Fenster sind nicht mit Düngerbeuteln abgedichtet. Madame Petits Zimmer gehört jetzt Freya. Im Sommer stehen die großen Fenster immer offen, die leichte Brise bauscht die gebleichten Leinengardinen über dem kleinen senffarbenen Sofa, auf dem viel gelesen wird. Es ist Freyas Zimmer, aber gleichzeitig auch ein Lesezimmer. Freya liest leidenschaftlich gern. In diesem Zimmer wandelt sie in den Schuhen anderer: Geta, Padukas, Mokassins, Trippen, Chopine, Pointinini, Poulaines, Pampoothies, Sabots, Stilettos, Mary Janes, Oxford, Brogue, Jelly-Sandalen und magische rote Schuhe.

Wo einst die Freiheit die Revolution anführte, hängt nun das Tim-und-Struppi-Poster von *Der Schatz Rackhams des Roten*. Wo einst ein Ankleideraum war, ist nun ein Badezimmer. Über dem Bett hängt ein Druck von Picassos Friedenstaube. So wie alle Häuser ist das an der Place de l'Église ein Palimpsest. Unsere Spuren werden bald schon verschwimmen und anschließend verschwinden, doch mir gefällt die Vorstellung, dass etwas, und sei es auch noch so ungreifbar, von uns erhalten bleibt.

Als Frankreich 2020 wegen der Coronapandemie die Grenzen schloss, überwies ich Rick den Betrag, den wir für einige Mahlzeiten bei ihm gezahlt hätten. Als wir im Spätsommer schließlich wieder reisen durften, gingen wir bei ihm essen. Rick begrüßte mich herzlich, dankte mir und verlangte, dass ich mir ansah, worin er meine Euros investiert hatte. Im Garten gibt es eine großartige neue Außentoilette, die er für die Gäste im Außenbereich selbst gebaut hat. Sie ist genial. Und die Spülung ist total hygienisch: Man macht eine Handbewegung, und schon spült sie. Ich war beeindruckt. »Das hast du möglich gemacht«, verkündete er stolz. »Von deiner Spende habe ich die schicke Spülung bezahlt.« Er schüttelte mir die Hand. »Und jetzt lass mich dir dein Essen bringen.«

***

Aufgrund meiner Arbeit in England habe ich in mehr als einem Jahrzehnt etwa drei oder vier Wochen pro Jahr im Haus an der Place de l'Église verbracht. Kaz ist im Sommer dort, und ich fahre ab und zu für ein Wochenende hin. An den heißen Tagen macht sie es sich in dem Haus gemütlich, entspannt sich und entschleunigt. Sie lernt Leute kennen, die ich nicht kenne, und sie grüßen sie freundlich. Ich werde als »mein Ehemann« vorgestellt. Ich wurde eher zum Außenseiter und sah zu, wie ihr Französisch sich weiter verbesserte, während meines stillstand. Ich wurde ein Beobachter.

Wir haben erst seit Kurzem WLAN. Die Jahre zuvor war Kaz in die Bar gegangen und hatte deren Internet benutzt. René brachte ihr Kaffee und buttrige Blätterteigstangen, und sie beantwortete ihre E-Mails. Ich fuhr nach Carcassonne und stieg in den ramponierten Ryanair-Flieger zurück nach Stansted. Das war jedes Mal hart.

War der Sommer vorbei, reiste ich für gut eine Woche hinunter und fuhr uns nach Großbritannien. Wir machten dann viel Wirbel um das Haus, um es so zu hinterlassen, wie wir es vorfinden wollten, wenn wir zurückkehrten. Wir gingen von Zimmer zu Zimmer, in allen Ecken und Winkeln Erinnerungen.

Bei Sonnenaufgang packten wir das Auto und machten uns auf den Weg nach Murviel, weiter nach Béziers, Clermont-Ferrand, Paris und London. Fuhren wir los, öffneten wir die Fenster des Autos und atmeten ein letztes Mal den Duft von Thymian und Lavendel und den friedlichen Geruch der Wärme ein.

***

Bin ich in London, hänge ich Tagträumen nach. Ich stelle mir vor, ich sei ein Geist auf der nächtlichen Dachterrasse unter den schwarzen, von Hand bearbeiteten Holzbalken, im Nieselregen oder unter dem Sternenhimmel. Ich male mir tausend Jahre verlorener Geschichten aus.

***

Doch es gibt noch eine letzte Geschichte, die nicht verloren ist. Sie zu erzählen fällt mir schwer.
George.
George, der die Sonne liebte und mit mir im kalten Wasser des Orb badete. Der von Dingen sprach, über die er mehr wissen wollte und der mit mir in der Stille der Berge wanderte. Der das Restaurant Le Lézard Bleu an lauen Abenden liebte und auf der Terrasse faulenzte. George, der auf seiner Lieblingsbank unter der Kiefer mit dem Blick ins Tal saß und der sanften Brise lauschte, starb am späten Abend des 22. März 2018, zwei Wochen nach seinem achtundzwanzigsten Geburtstag.
Sein Zimmer ist nun mein Arbeitszimmer. Es ist immer noch Georges Zimmer und wird es auch bleiben, bis das Haus jemand anderem gehört und dann Teil von dessen Geschichte wird. Ich schreibe dies an meinem Schreibtisch, hinter mir Georges Bett. Tagsüber verspüre ich manchmal einen Lufthauch an einem der Fenster, und einen Augenblick lang denke ich, er sei es. Ich sehe jemanden auf dem Platz – und muss zweimal hingucken. Ich höre

jemanden lachen – und in diesem winzigen Moment weiß ich, dass er da ist.

Manchmal bricht die Realität über mich herein, als ob man mich wieder ans Netz anschließt. Der Schock ebbt ab, ich werde taub, und auf einmal tauche ich wieder auf. Als er starb, war es, als hätte jemand schwarze Tinte in ein Glas Quellwasser gegeben. Anfangs konnte ich nichts als den schwarzen Tropfen sehen, der sich schlängelnd und kringelnd ausbreitete und mein Leben langsam ertrüben ließ. Eine Zeit lang stolperte ich immer wieder über das Warum. Doch mit der Zeit wurde mir klar, dass jedes Warum nur zu noch mehr Warums führte.

An den düsteren Tagen nach Georges Beerdigung stand im Fernen Osten eine hübsche japanische Schale zur Versteigerung. Sie faszinierte mich. Nicht weil sie auf Hunderttausende von Pfund geschätzt wurde, obwohl das heutzutage bei internationalen Versteigerungen gang und gäbe zu sein scheint. Sie faszinierte mich, weil sie kaputt war. Als das Haus an der Place de l'Église 300 Jahre alt war, ließ ein japanischer Shogun namens Ashikaga Yoshimitsu am anderen Ende der Welt seine beste Teeschale fallen. Offensichtlich liebte er sie. Ich stelle mir seinen Schmerz vor, wie er die Scherben in den Händen hielt. Doch er war nicht bereit, die geschätzte Schale aufzugeben, also gab er sie zur Reparatur, und bald darauf erhielt er sie zurück. Zu seinem Entsetzen war sie mit hässlichen Metallklammern zusammengehalten. Er war todunglücklich und verlangte, seine Kunsthandwerker mögen eine hübschere Art erfinden, die Schale zu reparieren. In den darauffolgenden hundert Jahren wurde die Kunst des Kintsugi geboren, bei der mit Baumharzen und Goldstaub Dinge nicht nur repariert wurden, sondern auch etwas Besonderes erschaffen wurde. Etwas, das nicht versucht, das Original zurückzubringen, sondern seine Geschichte zelebriert.

Für mich unterteilt die Zeit sich in heil und zerbrochen. Als George auf der Welt war und als er es nicht mehr war. Irgendwann in der Zukunft werde ich vielleicht nicht mehr denken, dass George an einem bestimmten Tag dies oder das getan hat. Vielleicht wird es einen Moment geben, da ich ihn ziehen lasse. Ich werde keine neuen Erinnerungen mit George haben. Doch was für wunderbare Erinnerungen an ihn ich doch besitze, an gemeinsame Abenteuer, wie wir zusammen gelacht und uns Herausforderungen gestellt haben.

Wer dasselbe erlebt hat, weiß, dass darin wenig Trost zu finden ist. Doch ich weiß, wie glücklich wir uns schätzen dürfen, eine Zeit von solcher Zufriedenheit mit George im Haus an der Place de l'Église verbracht zu haben.

EPILOG

Michel, inzwischen über siebzig, vielleicht auch über achtzig, sieht man im Sommer beinahe täglich in Shorts und T-Shirt auf einem Küchenstuhl an der Rue de la République sitzen. Er ist fit wie ein Turnschuh. Fahren Autos vorbei, blickt er einen Moment lang auf, danach widmet er sich wieder seinem Buch. Ich frage mich jedes Mal, was er gerade liest.

Von der Gasse zum Aussichtspunkt, von dem aus man einen Blick aufs Tal hat, vorbei am Haus, das wir Hazienda nennen, gelangt man zum Steingarten, den Michel angelegt hat. Er ist eingezäunt, doch nicht rein privat. Der Zaun ist bloß da, um einen Rahmen zu bilden. Das glaube ich zumindest. Im Garten findet sich ein Zusammenspiel verschiedener Bauweisen. Eine steinerne Hütte. Wunderschöne Steinmauern. Ein steinerner Unterstand mit einem Steintisch. Bänke aus Stein. Geschweißte Skulpturen, die mich ein wenig an Picasso erinnern, stehen verstreut zwischen akkurat gepflanzten Olivenbäumen. So ist alles dort, sehr ordentlich, die kleinen, gepflegten Sträucher und die Yucca-Palmen, der geschotterte Boden, er ist gejätet und geharkt. Alles ist perfekt. Es scheint, als wäre zwischen den Steinen kein Mörtel. Ich stelle mir die schwere körperliche Arbeit vor, die Konzentration und die sorgfältige Gestaltung. Ich habe Michel noch nie dort gesehen. Ich habe in den sechzehn Jahren weder ihn noch sonst jemanden dort gesehen. Ich frage mich, ob Michel den Garten aus Trotz oder als Zeichen des Gedenkens angelegt hat. Ganz egal. Es gibt ihn. Ein Schild aus Stein tut kund, dass dies Las Airos ist. Es ist Okzitanisch und bedeutet der Ort des Windes, der Ort, wo der Wind die Spreu vom Weizen trennt, der Ort, wo das Wichtige vom Unwichtigen getrennt wird.

An manchen Abenden spazieren wir nach dem Abendessen den staubigen Pfad zum Garten, dann ein paar hundert Meter weiter zu der Bank unter einer Waldkiefer, von wo aus man hinunter ins Tal nach Fonsalade, Montpeyroux und zur Montagne Noire blicken kann. Im Verlauf des Jahres ist die Aussicht wie ein weniger hektisches Gemälde von Pieter Bruegel. In den Weinbergen wird nämlich fleißig all den verschiedenen Tätigkeiten nachgegangen, die die Jahreszeiten vorgeben.

Wir sitzen still dort, wie aufmerksame Gäste, und beobachten, wie die Sonne langsam von Gelb zu Orange und dann zu einem dunklen, sich am Himmel kräuselnden Zinnoberrot wird. Während die Dunkelheit hereinbricht, kommt im Tal eine sanfte Brise auf, die in den Kiefernnadeln über unseren Köpfen wispert. Bevor es so dunkel wird, dass wir auf dem Pfad über unsere Füße stolpern, stehen wir auf. Lolas Gelenke knacken, während sie erst die Vorderpfoten streckt, danach den Rücken, sich schüttelt und uns deutlich macht, dass es nun an der Zeit ist, dass wir fünf endlich gehen – hoffentlich heim.

DANKSAGUNG

Ohne die folgenden Personen wäre dieses Buch nie geschrieben worden. Es ist ganz allein ihre Schuld.
Dan Bunyard: Mein Max Perkins.
Tim und Margaret Cave: Nemophilisten wie ich.
John Andrews: Der Universalgelehrte von Causses.
Lola: Unser Hund des Glücks.
Hans und Lotten Bjerke: Skål!
Meine Mum.
Gail Brackhall: Altmeisterin der deplatzierten Determinanten.
Ellie Hughes und Beatrix McIntyre: Hilfe- und Ratschlag-Spenderinnen. Umsonst für jene, die es sich leisten können, sehr kostspielig für diejenigen, die es nicht können.

Vor allem danke ich jedoch den Caussanais, den Bewohnern von Causses-et-Veyran, jedoch in keiner besonderen Reihenfolge: Claude, Patrick und Danny, René und Bridgette, Michel Bonnafous, Sébastian, Monsieur Baro, Julie, René und Patricia, Fanny und Benoit, Merlin und Valentine, Liz und John, Sue, Christine und Andrew, John und Penny, Simon und Sarah, Annie und Clare. Und *salut* an Rik Kat, der mehr als ein Gastwirt ist.

Wichtiger noch: Ich danke meiner wunderbaren Tochter Freya. Was für ein toller Mensch du doch bist. Und natürlich Kaz, meiner Seelenverwandten.

Ich schließe, zumindest für den Moment, mit den Worten des großartigen Michel de Montaigne:

> Man kann die ganze Ethik ebensogut an ein gewöhnliches Privatleben anknüpfen, wie an ein ereignisreicheres Leben: Jeder Mensch trägt in sich die Gesamtform des Menschseins... Ein gebildeter Mann ist nicht in allen Dingen gebildet: Ein hinlänglicher Mann jedoch ist gänzlich hinlänglich, selbst wenn er sich dessen nicht bewußt ist. In dieser Hinsicht gehen mein Buch und ich Hand in Hand. (Die Essais, Kapitel II, Von der Reue)